L'INDE FRANÇAISE

ET

LES ÉTUDES INDIENNES

DE 1882 A 1884

PAR

Julien VINSON

CHARGÉ DU COURS D'HINDOUSTANI ET DE LA LANGUE TAMOULE
A L'ÉCOLE NATIONALE DES LANGUES ORIENTALES VIVANTES

PARIS
MAISONNEUVE FRÈRES ET CH. LECLERC, ÉDITEURS
25, QUAI VOLTAIRE, 25

1885

L'INDE FRANÇAISE

ET

LES ÉTUDES INDIENNES

DE 1882 A 1884

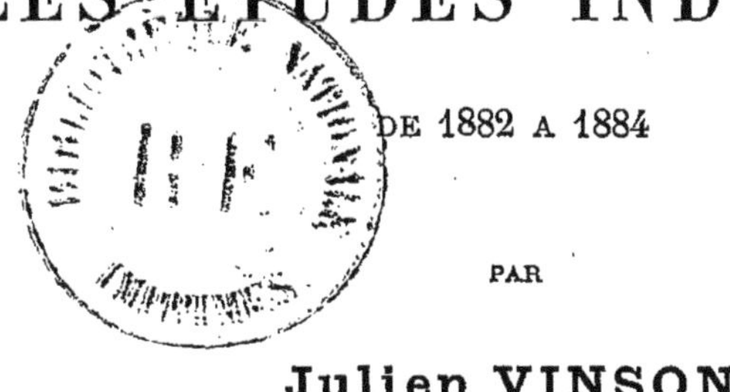

PAR

Julien VINSON

CHARGÉ DU COURS D'HINDOUSTANI ET DE LA LANGUE TAMOULE
A L'ÉCOLE NATIONALE DES LANGUES ORIENTALES VIVANTES

PARIS
MAISONNEUVE FRÈRES ET CH. LECLERC, ÉDITEURS
25, QUAI VOLTAIRE, 25

1885

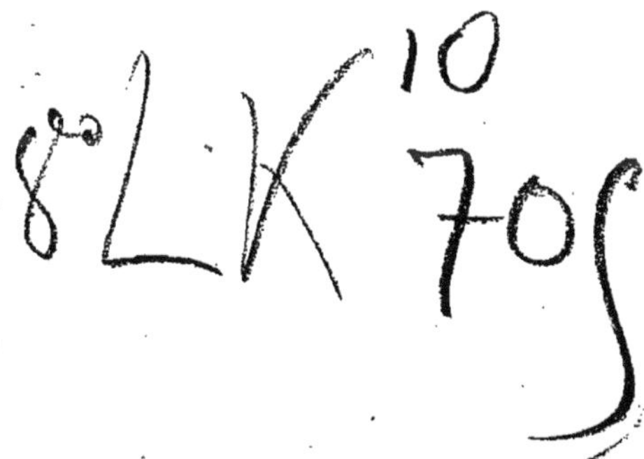

L'INDE FRANÇAISE

ET LES ÉTUDES INDIENNES

DE 1882 à 1884 (1).

En me retrouvant au milieu de vous, Messieurs, en adressant à ceux qui viennent ici pour la première fois nos compliments de bienvenue, permettez-moi de me féliciter du bon aspect que semblent prendre nos affaires. Les études orientales retrouvent faveur en France, notre École se fait de plus en plus connaître chaque jour, et nous pouvons, sans trop de présomption, compter sur la transformation prochaine de ce Cours en une véritable chaire.

La France, revenant aux fières traditions des Colbert et des Sully, sent renaître en elle l'esprit colonial ; elle se décide à reprendre sa place à la tête des puissances maritimes ; elle se rappelle le rôle immense qu'elle a joué en Asie, et elle entreprend encore de porter jusqu'aux extrémités du monde la lumière de la civilisation et de l'ins-

(1) Extrait des discours prononcés les 21 novembre 1882, 20 novembre 1883 et 18 novembre 1884, pour l'ouverture, à l'École nationale des langues orientales vivantes, du Cours d'hindoustani et de langue tamoule.

truction occidentales. En même temps, elle songe à l'organisation d'une armée, d'un corps de fonctionnaires, destinés à la représenter, à accomplir son œuvre dans tous ses établissements d'outre-mer. C'est à ces soldats, c'est à ces fonctionnaires, qu'est nécessaire la connaissance des idiomes de l'Orient. Il y a là, pour nos élèves, un avenir assuré.

Je sais bien qu'on a reproché à notre École de ne pas donner un enseignement assez pratique; on pouvait lire notamment, dans le *Journal des Débats* du 26 juin 1883, sous la signature autorisée de M. G. Charmes, les lignes suivantes : « Lorsqu'ils débarquent d'Europe, nos élèves drogmans ont besoin de plusieurs années pour apprendre à faire usage de ce qu'on leur a enseigné à l'École des langues orientales ; ils savent fort bien la grammaire, ils ne comprennent rien au langage courant. Les Anglais et les Allemands, mieux avisés que nous, font leurs interprètes en Orient même : c'est une tradition qu'ils ont empruntée à Colbert et que nous ne leur avons plus disputée. » Il y a de l'exagération dans les allégations de M. Charmes ; car, quelque difficile que puisse être une langue, il n'est certes pas besoin de « plusieurs années » pour la comprendre et la parler couramment quand on sait déjà « très bien » la grammaire, et quand l'intérêt et le devoir se réunissent pour en faire une loi (1). M. Charmes semble ne pas se rendre compte de ce fait

(1) Il me suffira de rappeler ici l'exemple de cet évêque (anglican) de Calcutta qui, arrivé d'Europe au mois d'avril, sans savoir un seul mot des langues de l'Inde, prêchait publiquement en hindoustani au mois d'octobre suivant. Il est vrai que l'hindoustani est une des langues les plus faciles que je connaisse.

bien simple, que la théorie conduit plus sûrement à la pratique que l'empirisme, et que les notions les plus positives s'apprennent mal quand on les cherche au hasard sans méthode et sans guide assuré. L'exemple de l'Allemagne me touche peu ; je trouve celui de l'Angleterre bien préférable. Mais l'Angleterre impose la connaissances des idiomes coloniaux, non pas seulement à ses drogmans ou à ses interprètes, mais à ses consuls et à ses fonctionnaires mêmes. C'est là le seul moyen de remédier aux abus inévitables qu'amène l'emploi forcé d'intermédiaires échappant à tout contrôle. Ayons des interprètes ou des drogmans, qu'on pourra prendre dans le pays même, et mettons au-dessus d'eux des agents, pratiquement moins habiles peut-être dans le langage local, mais certainement toujours en état de surveiller l'exécution des ordres qu'ils donnent.

Si l'on se décidait à entrer résolument dans cette voie, si par exemple on tenait compte, au Ministère de la Marine et des Colonies et au Ministère des Affaires Étrangères, de la capacité linguistique des candidats aux postes officiels, on éviterait bien des méprises, bien des maladresses, bien des imprudences. Pour en revenir à nous, Messieurs, vous pourriez, munis du diplôme d'hindoustani et surtout du diplôme de tamoul, solliciter des fonctions administratives ou judiciaires dans l'Inde, à Bourbon, aux Antilles, à la Guyane, en Cochinchine et au Tonkin.

Vous savez en effet qu'en dehors de nos établissements de l'Inde, beaucoup d'Indiens, parlant principalement le tamoul, sont soumis à notre domination ou à notre juridiction. Il y en a beaucoup en Cochinchine où ceux qui sont originaires de l'Inde française conservent leur qualité d'électeurs (tandis que les Annamites ne peuvent le devenir qu'en renonçant à leur statut personnel) ; on annonce même déjà l'arrivée de nombreux « malabars » au Tonkin. Les coulis de l'Inde sont de plus en plus nombreux à l'île de la Réunion et aux Antilles. Il ne se passe guère d'années sans que l'administration pénitentiaire ne me communique deux ou trois lettres tamoules de condamnés (dans l'une de ces lettres, qui n'ont généralement qu'un intérêt tout à fait privé, j'ai remarqué le mot anglo-tamoul *râyil-vandi* « rail-coach » employé pour dire « chemin de fer ») ; il n'est pas rare non plus que l'administration des postes nous envoie quelques lettres dont l'adresse, en tamoul, en hindoustani, en gudjarati, est pour ses employés parfaitement indéchiffrable. Aussi serait-il utile d'avoir dans nos colonies des fonctionnaires en état de comprendre les langues de l'Inde. J'emprunte à cet égard au *Moniteur de la Réunion* certains renseignements significatifs :

« Le convoi d'immigrants de la *Marguerite*, arrivé du Lazaret au dépôt colonial de la Petite-Ile, le 26 juillet 1883, a été inspecté par le consul de Sa Majesté britannique à la Réunion. On a beaucoup remarqué l'insistance de M. le consul Aimesley à interroger les coulis sur la manière dont ils avaient débarqué au Lazaret : « Étaient-ils jetés à la mer comme des bœufs, couverts et roulés par la lame avant d'arriver à terre, au risque de se noyer ? » Comme les réponses des Indiens, traduites par un interprète ignorant ou complaisant, semblaient laisser des doutes, les représentants du gouvernement français et M. Barjolle, capitaine de la *Marguerite*, ont protesté énergiquement et mis en demeure M. White, commis du consulat, qui entend et parle le tamoul, de traduire à nouveau la déclaration des Indiens ; il fut alors péremptoirement établi qu'ils avaient débarqué sans peine, sans difficulté, ayant l'eau à mi-jambe ! Le public qui assistait à ce long interrogatoire a été péniblement affecté de l'attitude du consul anglais. »

Notez que, de 1869 à 1878, l'Inde a exporté — je ne trouve pas d'autre mot — 173,421 coulis (pourquoi écrire *coolies* à l'anglaise ?) dont 31,095 à destination de colonies françaises, non asiatiques : 5,792 sont allés à Bourbon, 4,118 à la Guyane et 21,085 aux Antilles ; 22,004 s'étaient embarqués dans les ports français de l'Inde.

Dans l'Inde même, d'après le dernier recensement, l'*hindoustani* (urdu et hindi) serait parlé par *quatre-vingt-deux* millions d'hommes ; le bengali par *trente-neuf* millions ; le marathi par *dix-sept*, le panjabi par *quatorze* et le gudjarati par *neuf*. D'autre part, il y aurait plus de *dix-sept* millions de Télingas, *huit* millions de Canaras et *treize* millions de Tamouls (sans compter Ceylan où le tamoul est parlé par environ la moitié de la population).

Deux d'entre vous qui ont passé avec succès, en juillet dernier, l'examen de fin d'année, obtiendront prochainement sans doute leur diplôme de tamoul. L'un, qui a déjà appartenu au service civil de nos colonies, qui a passé plusieurs années en Orient (1), compte certainement y retourner ; il vous dira au point de vue pratique l'importance du tamoul dans l'Extrême-Orient. L'autre, qui a déjà publié des traductions du tamoul (2), vous montrera

(1) M. L. Radiguet vient de faire paraître un intéressant mémoire, *Étude d'histoire contemporaine*, Paris, 1884, in-8° de 38 p.

(2) *Une légende çivaïste*, par Gérard Devèze (*Revue de Linguistique*

l'importance scientifique de ce vieil idiome de l'Inde méridionale. Un ancien élève de M. Garcin de Tassy, M. François Deloncle (1), qui a suivi mon cours en 1879 et en 1880, et qui est aujourd'hui secrétaire d'ambassade, se trouve en ce moment en congé et s'occupe dans l'Inde et dans l'Indo-Chine d'opérations industrielles d'une extrême importance ; mieux que personne, il attesterait l'utilité de nos études.

Les relations entre l'Inde et l'Europe se multiplient; j'ai eu presque toutes les années, parmi mes auditeurs de passage, soit des Indiens venus en Europe, soit des Européens, Français ou Anglais, allant dans l'Inde ; avec plusieurs d'entre eux, j'ai eu le plaisir trop rare de parler tamoul. J'ai failli avoir, comme élève prétendant au diplôme, un jeune Indien de caste ; il m'écrivait de Nellatour (près Karikal) pour me faire part de ses projets, à peu près en même temps qu'un jeune Américain, en partance pour Haïderabad, venait me demander d'urgence une leçon d'hindoustani. Je pourrais peut-être compter parmi mes élèves plus sérieux ce jeune répétiteur d'un lycée de province qui m'écrivait dernièrement pour me demander des conseils détaillés : il voulait apprendre le tamoul, pour solliciter ensuite un poste dans l'enseignement à Pondichéry ou à Karikal.

Toutes les lettres ou toutes les visites que j'ai reçues, depuis que j'ai l'honneur d'être chargé de ce cours, n'of-

tique, t. XVII, p. 1-23). M. Devèze a sous presse une traduction du *Paramârtaguru* de Beschi.

(1) M. Deloncle avait commencé, en 1879, à la librairie Vieweg, la publication d'un *Dictionnaire hindoustani-français ;* il a paru un fascicule formant 16 p. gr. in-8°.

frent pas un caractère aussi intéressant. Trop de gens encore, en France, n'ont pas une idée bien précise de la situation d'un professeur officiel, des obligations véritables d'un fonctionnaire public. Des marchands m'ont proposé de leur traduire des étiquettes commerciales ; des voyageurs m'ont demandé de ces renseignements qu'on cherche ordinairement dans les *Guides* ; des industriels m'ont demandé des conseils pour la décoration de salles de spectacles ; d'autres m'ont prié de leur rédiger des transparents en « hindou » ; d'autres..... mais je m'arrête, car l'énumération serait vraiment trop longue. Je me suis généralement borné à répondre à ces correspondants naïfs, à ces visiteurs indiscrets, que j'avais un meilleur emploi de mon temps, que je m'inquiétais peu de ces sortes de bénéfices pécuniaires, que d'ailleurs je n'avais point la mission de servir des intérêts particuliers ou d'aider à des spéculations mercantiles.

Parmi les visiteurs que l'Inde nous envoie, il vient d'en arriver à Paris un dont on se serait bien passé, le choléra. Il se présente d'ailleurs avec des allures aussi modestes, aussi pacifiques que possible. Je l'ai connu bien plus redoutable, dans son pays même, en 1858 par exemple, alors qu'à Karikal, sur une population de 10,000 habitants, il faisait chaque jour 24 victimes, ce qui donnerait, pour une ville comme Paris, 5,000 décès par jour. Nous ne nous en effrayions guère pourtant, car dans l'Inde, les Européens sont rarement atteints par le terrible fléau, ce qui confirme l'opinion qu'on peut s'en préserver par une hygiène sévère, par un régime prudent ; j'ai d'ailleurs rapporté de là-bas la conviction, appuyée par de nombreuses expériences, que le choléra n'est pas contagieux, ne se communique pas ordinairement par contact direct.

J'ai relevé dans un journal anglais l'annonce suivante : « On vient de poser à Oxford la première pierre d'un collège indien. Ce collège indien devra son établissement à l'initiative privée et à la persévérance d'un orientaliste anglais, qui a réuni pour l'élever des sommes considérables. On y cultivera le pali et le sanscrit, la langue sacrée de l'Hindoustan dans laquelle ont été composés les Védas, les Pourânas, les lois de Manou, le Ramâyana, le Mahâbhârata, tant de poèmes, de drames, de livres philosophiques, et les principaux idiomes dérivés de ces langues mortes, le bengali, le kanara, le mahratte, le télinga, le malabar, le tamoul, que parlent les Hindous. »

En même temps qu'on semble encourager de plus en plus en Europe l'étude des choses indiennes, on dirait que les Indiens veulent s'initier de plus en plus aux choses d'Europe. On raconte qu'une femme, la Panditâ Rômabâi, n'a pas craint de faire il y a quelques mois à Bombay une série de conférences publiques. Cette jeune savante, à peine âgée de vingt-cinq ans, et fort indépendante, dit-on, au point de vue religieux et philosophique, n'a pas craint de prendre pour sujet de ses leçons la grave question de l'éducation des femmes. Elle a soutenu la thèse, qu'on appellerait volontiers parisienne, de l'égalité intellectuelle des deux sexes et de la nécessité d'une éducation similaire pour les filles et les garçons. Il paraît que, depuis, elle a été chargée d'un cours public en Angleterre.

Au reste, il se fait dans toute l'Inde un mouvement fort remarquable. Il est impossible de prévoir quand ce mouvement aboutira, mais il est certain que, tôt ou tard, il aménera l'indépendance absolue de l'Inde. Plus des deux tiers de la Péninsule sont habités par des populations intelligentes, fières, énergiques, qui subissent largement l'influence européenne : les tribus du Décan sont, au contraire, relativement douces et plus rebelles à une action extérieure.

En général, d'ailleurs, les Musulmans sont indisciplinés et autonomistes, si ce mot n'est pas excessif, et les Hindous, au contraire, conservateurs et résignés à la domination étrangère. C'est là une des raisons pour lesquelles les Anglais ont substitué l'usage officiel des idiomes régionaux à celui du persan, naguère la seule langue administrative de l'Inde ; c'est le motif pour lequel ils favorisent la culture des langues indigènes au détriment de l'hindoustani-urdu et l'usage des écritures nationales à la place de l'incommode écriture arabo-persane; c'est le motif pour lequel ils n'encouragent que médiocrement les propagandes chrétiennes et n'interviennent pas dans les querelles religieuses. On télégraphiait de Calcutta au *Times* le 27 août 1883 : « Des rixes sérieuses ont éclaté entre des Hindous et des Mahométans à Salem, province de Madras. Cent cinquante Hindous et trois Mahométans ont été arrêtés. Les Hindous ont commis de cruelles atrocités (1). »

(1) Les mêmes difficultés se reproduisent partout. Je lis dans le *Moniteur officiel* de l'Inde française un arrêt du Conseil privé du 3 septembre 1884, relatif à un conflit survenu à Karikal entre les Musulmans et les Hindous. Il paraît que les Musulmans ne voulaient pas laisser passer les convois funèbres des « gentils » derrière leur mosquée, le long d'un mur où il n'y a aucune ouverture ;

C'est une nouvelle application de la maxime *diviser pour régner*. Il est certain que le danger immédiat et prochain, pour l'Angleterre, peut venir du fanatisme mahométan. La présence d'Arabi-Pacha à Ceylan paraît avoir occasionné une agitation qui se serait traduite par de nombreuses visites à l'ancien dictateur égyptien. L'expédition d'Égypte aurait beaucoup nui à l'Angleterre dans l'opinion des Musulmans de l'Inde ; et déjà beaucoup de meneurs regardent, dit-on, avec une secrète sympathie les progrès de la Russie dans l'Asie centrale ; ils attendent avidement l'occasion d'un conflit entre ces deux grandes puissances conquérantes. Je ne crois pourtant pas que là soit la vraie solution ; pour dire toute ma pensée, j'augure mieux de l'avenir de l'Inde.

Il me semble qu'une insurrection, principalement musulmane, ne pourrait aboutir, si elle triomphait, qu'au rétablissement provisoire de l'empire fragile des Mogols, véritable colosse aux pieds d'argile, que le moindre souffle jetterait à terre. Ce que j'entrevois au contraire, — je n'ose dire ce que je désirerais, — c'est, dans un avenir plus lointain, la formation d'une sorte de fédération républicaine des diverses nations de l'Inde, résultat normal et naturel de l'éducation européenne qu'on est en train de leur donner progressivement. C'est là ce que je vois derrière les discussions passionnées qui remplissaient naguère tous les journaux de l'Inde sur la politique de lord Ripon comparée à celle de lord Bulwer Lytton — le romancier — son prédécesseur ; sur l'élévation des natifs aux

ils toléraient pourtant le passage des enterrements chrétiens ; le Conseil privé leur a donné tort.

postes supérieurs de l'ordre judiciaire ; sur les projets de « self-government » ; sur l'admission des Indiens dans les écoles supérieures (1) ; etc. Les journaux rédigés par les gens du pays, dans leurs langues, n'ont pas assez d'expressions de mépris pour qualifier l'opposition des vieux colons anglo-hindous aux projets de lord Ripon ; on les traite de « clique », de « poignée imperceptible » ; on parle de leurs « grincements de dents » et l'on se moque d'eux très-irrévérencieusement. Et n'est-ce pas un signe des temps que l'existence de tous ces journaux? On en comptait il y a six ans quelque six cents qui se publiaient un peu partout, à Bardvar, à Cherpour, à Dacca, à Deoghur, à Midnapour, à Allahabad, à Ahmed-Abad, à Bankipour, à Pouna, à Kaira, à Dharvar, à Ratnagiri, à Harda, en hindoustani-urdu, en hindi, en bengali, en gudjarati, en marathi, en tamoul, en télinga, en canara, pour ne citer que les principaux. J'ai reçu dernièrement un numéro d'une publication spéciale fort intéressante, *The Voice of India*, qui paraît à Bombay, et qui donne des extraits de

(1) Je découpe, dans un journal, le « fait divers » suivant qui est relatif à un élève du collège de Saint-Étienne à Delhy : « Il est privé de la vue, mais sa mémoire est prodigieuse. Chanda Singh (c'est ainsi que s'appelle ce jeune étudiant) ne sait ni lire ni écrire, mais il possède une mémoire si fidèle qu'il peut réciter mot à mot tous ses auteurs classiques anglais, persans, indous, et faire des calculs d'arithmétique avec une rapidité remarquable. En quelques secondes, il fait mentalement des multiplications de plusieurs tranches de chiffres, qui demanderaient au moins trois minutes à un étudiant ordinaire. Au dernier examen, Chanda Singh a été questionné par ordre du directeur de l'instruction du Pardjab, et a réussi à obtenir la 27e place sur plusieurs centaines de candidats. Le jeune aveugle subira prochainement son examen de candidat en droit ».

tous les autres journaux de l'Inde. J'y ai remarqué un article d'un journal de Madras où l'on répond vertement aux adversaires du bill Ilbert sur la juridiction des magistrats indigènes : le rédacteur affirme que les Anglais savent beaucoup moins le tamoul ou le télinga que les juges natifs ne savent l'anglais, et que par conséquent ils seront beaucoup mieux jugés par les natifs que les natifs ne le sont par eux. Il faut signaler l'extra-numéro de janvier 1883 du *Journal of the East Indian Association.* Ce numéro contient une lettre adressée au secrétaire d'État de l'Inde par « Dadabhai Navroji » ; l'auteur se plaint du déplorable système du gouvernement appliqué dans l'Inde, dont le seul résultat, dit-il, sera de « tuer la poule aux œufs d'or ».

En poussant à la décentralisation, au développement des littératures provinciales, à la pluralité des religions, mais en faisant en même temps l'éducation des Indiens, l'Angleterre remplit d'ailleurs, à son insu et en dépit de son égoïsme traditionnel, son rôle de race colonisatrice, le rôle que la France va se trouver appelée à jouer désormais dans l'extrême Orient. Il s'est formé à Londres même un « Comité national représentatif de l'Inde », sous la présidence d'un vrai râdjâ, pour poursuivre vigoureusement la campagne en faveur des progrès et des réformes nécessaires. L'Inde aura son autonomie de plus en plus accentuée; puis le lien officiel avec l'Europe se brisera de lui-même, sans révolution, sans émeute, sans secousses. Je le prévois et je le souhaite.

Du reste, cette agitation est peu de chose lorsqu'on la compare à celle qui bouleverse nos établissements, ceux de la côte de Coromandel du moins. Je vous ai entretenu les années précédentes des graves questions qu'ont soulevées là-bas les élections législatives de 1881. Elles se sont représentées avec plus de force encore aux élections sénatoriales qui ont suivi. Le 8 janvier 1882, M. de Freycinet fut élu à l'unanimité; mais après son option pour Paris, une nouvelle élection eut lieu le 30 avril suivant, et M. Jacques Hébrard, du *Temps*, est devenu définitivement le représentant des Conseils électifs de l'Inde française; sur 53 inscrits et 49 votants il a obtenu 41 voix; M. Edmond About a eu 6 voix; M. Hébrard ne connaît d'ailleurs pas plus le pays que M. de Freycinet, que M. Alype Pierre ou que M. Godin (1).

L'élection de M. Alype Pierre a été suivie d'incidents

(1) On a fait remarquer, à propos de ces élections, le fait qu'elles ont été connues à Paris avant l'heure de la clôture du scrutin. On a appris avant midi le résultat de la dernière élection sénatoriale; c'est qu'il était alors en réalité à Pondichéry plus de cinq heures du soir. A propos de ces différences horaires, un journal a rapporté le singulier fait suivant : « Il existe entre l'heure ordinaire et l'heure turque une différence dont l'origine et l'histoire sont des plus curieuses. Il y a quelques années, le gouvernement créa un service météorologique et astronomique, une sorte de bureau des longitudes. Le directeur des télégraphes ottomans fut chargé d'établir la concordance entre l'heure turque et l'heure moyenne. Le calcul lui indiquait toujours une différence de dix minutes, et il aurait longtemps cherché l'origine de cette différence, si un vieil astrologue ne lui en avait indiqué la raison. L'heure se compte, en Turquie, à partir du coucher du soleil, non pas du coucher astronomique, mais du coucher observé du point le plus élevé du lieu où l'on se trouve. Il résultait de ce fait une différence de huit minutes entre le coucher observé et le coucher astronomique. Plus difficile était de trouver la cause de l'erreur des deux minutes restantes pour compléter les dix minutes. C'était le temps nécessaire au muezzin pour monter sur le minaret et annoncer l'heure pour les prières accoutumées. »

très regrettables. Le député de l'Inde avait entrepris dans le *Journal d'Outremer,* qu'il dirige, une campagne violente contre M. L. Drouhet, gouverneur de Pondichéry, ancien proviseur du Lycée de La Réunion, son compatriote. Provisoirement rappelé en France, M. Drouhet a intenté un procès en diffamation à son ancien élève qui a été condamné, par défaut, le 30 octobre 1882, à quinze jours de prison et 3,000 fr. d'amende. Sur l'opposition de M. Pierre, un nouvel arrêt de la Cour d'assises du 15 décembre suivant a maintenu la condamnation, en élevant la durée de l'emprisonnement à trois mois. Le *Passant* a publié à cette occasion, le 3 décembre 1883, un portrait fort méchamment tracé du député de l'Inde. Mais il paraît que M. Pierre a été grâcié par M. le Président de la République, si nous en croyons le *XIXe Siècle* et *L'Événement* des 4 et 5 décembre 1883.

Il a été en effet beaucoup question des Établissements français de l'Inde dans les journaux de la Métropole. Je citerai seulement *Le Radical* (26 décembre 1882), *Le Temps* (1883 et 1884), *Les Débats* (mars, octobre et novembre 1882, février 1884), *La République française* (19 février 1884), *Le Rappel* (11, 12 et 13 mai 1884), *Le Phare de la Loire* (14, 21 et 29 novembre 1882), sans parler des journaux spéciaux tels que le *Moniteur des Colonies*, *Le Bulletin de la Société pour la protection des indigènes*, etc. La plupart de ces articles sont relatifs à la question des « renonçants » ; mais leurs auteurs n'ont généralemenr aucune idée du véritable état mental des Indiens et raisonnent beaucoup trop au point de vue des habitudes européennes. Il faudrait signaler aussi les notes et protestations de M. Textor de Ravisi, qui avait été candidat à la députation et au Sénat, de Me Ponnoutambypoullé ; et d'autres encore, ainsi qu'une remarquable brochure de M. D. Moracchini, ancien chef de service à Karikal et à Chandernagor : *Les Indigènes de l'Inde française et le suffrage universel*, Paris, 1883, 32 p., grand in-8°.

J'ai, pour ma part, une certaine peine à croire à la réalité de ce mouvement de renonciation au statut personnel. Il y aurait déjà cinq à six mille Indiens dans ce cas (1) ; je ne me rends pas bien compte de l'intérêt personnel qu'ils peuvent y trouver. Il est vrai qu'ils avaient au début la prétention de devenir par là électeurs « européens » au même titre que les descendants des colons blancs et que les créoles mulâtres, les « gens à chapeau », les *topas* ; ils prétendaient aussi que les non-renonçants devaient être privés de tous droits électoraux, parce que ceux-ci n'étaient pas véritablement français. La jurisprudence leur avait donné raison : un arrêt du Conseil d'État du 21 novembre 1882 avait décidé que les renonçants devaient être regardés comme des Français dans toute l'acception du mot et un arrêt de la Cour de cassation avait décidé qu'ils devaient être inscrits sur la même liste que les Européens. Un Indien renonçant, et pour ainsi dire le chef du parti opposé à M. Pierre (Alype), Me Ponnoutambypoullé, dont je vous ai précédemment parlé, a donné sa démission de conseil agréé indien et a été nommé, par décision du Gouverneur du 14 avril 1883, conseil agréé « européen » (2) ;

(1) Les listes électorales de 1884 n'en comprennent en tout que 1,660.

(2) Un décret du 25 août 1883 a supprimé toute distinction entre

sous le nom de P. Laporte, il a été élu le 2 décembre 1883, par 17 voix sur 17 votants et 39 inscrits, membre du Conseil général comme représentant « européen » de Chandernagor, et il a siégé, à ce titre, pendant la session de 1883. Par parenthèse, cette session a duré cinquante-cinq jours (deux et trois séances par jour, à 7 heures du matin, 5 et 8 heures du soir) ; aussi a-t-elle occasionné une dépense de 784 fr. 45 pour frais de bureau, d'éclairage et de « buvette », sans parler de ceux occasionnés pour l'installation de *pankas* dans la salle de réunion.

Saisi de la question par le Gouvernement, le Conseil supérieur des Colonies a adopté, sur le rapport de M. Schœlcher, un projet de décret qui a été inséré au *Journal officiel* du 27 février 1884 ; le décret a été promulgué dans l'Inde le 11 avril suivant. C'est une solution transactionnelle qui ne satisfera sans doute personne : on a cru sage de diviser la population en trois groupes distincts élisant chacun à peu près le même nombre de conseillers généraux et municipaux, qui peuvent être pris en dehors du groupe auquel ils appartiennent personnellement. La logique voudrait qu'on étendît cette division jusqu'à la représentation législative ; le groupe le moins nombreux compterait encore 600 électeurs : or, le député de la Cochinchine n'a pas été nommé par plus de 500 voix. Du reste, sans aller jusqu'à partager l'opinion de M. L. Ristelhueber, ancien Procureur-général de Pondichéry et candidat à la députation en 1871, qui, dans une brochure publiée en 1875 (*Les Colonies devant les Chambres*,

ces deux catégories de « conseils agréés ». C'est tourner la difficulté, mais ce n'est point la résoudre.

Paris, 25 p. in-8°), refusait aux Colonies tout droit à être représentées dans le Parlement, j'estime que ce dont ont surtout besoin les Français d'outre-mer, c'est d'une large décentralisation, d'une autonomie aussi étendue que possible; il est essentiel dans les Colonies de restreindre le fonctionnarisme et d'habituer les gens du pays à faire leurs affaires eux-mêmes.

Quoi qu'il en soit, les électeurs ont été convoqués le 3 août (élections du Conseil général), le 31 août (Conseils locaux), et le 14 septembre (Conseils municipaux). Le décret, tout en partageant les électeurs en trois classes séparées, ne fixait pas de limites à l'éligibilité, ainsi que je l'ai dit tout à l'heure. Le résultat des élections paraît avoir donné la majorité aux « conservateurs », aux « non-renonçants », dans les conseils municipaux et locaux ; la majorité du Conseil général appartient au contraire aux « progressistes, aux renonçants ».

J'ai à vous signaler, en dehors de ces questions purement politiques, de nombreux faits intéressants qui se sont passés depuis trois ans dans l'Inde française. Les indigènes commencent à s'habituer aux formes de l'état-civil français ; le 12 février 1881, la Mairie de Chandernagor voyait se faire le premier mariage indien ; mais, en 1883, dans le seul établissement de Karikal, il y a eu 700 mariages célébrés conformément aux dispositions du Code civil. Le *Moniteur officiel* de la Colonie continue à publier des listes de « renonçants » ; rien de plus curieux que la lecture de ces listes. En renonçant à leur statut personnel pour adopter la loi française dans toute sa rigueur (1), les In-

(1) Le Code d'instruction criminelle vient d'être promulgué à

diens doivent prendre un nom patronymique : or, le choix d'un nom de famille n'est pas une petite affaire et j'imagine que les autorités coloniales ont dû être aussi embarrassées qu'on le fut à La Réunion, à La Martinique, à La Guadeloupe, lors de l'affranchissement des esclaves en 1848. Je remarque dans les listes des noms adoptés par les renonçants de l'Inde, ceux d'anciens fonctionnaires européens : Rabourdin, Ariel, Cordier, Perrotet, Moras ; des noms empruntés à l'histoire locale, Bussy, Dupleix ; des noms pris dans l'histoire générale : Socrate, Cambyse, Archimède, Cicéron, Bayard, Platon, Hoche, Dagobert, Titus, Brutus, Aurélien ; des noms d'hommes politiques, Carnot, Robespierre, Bonjean, Cléber (*sic*), Bernadotte, Pier Alip (*sic*), et même Ferry ; des noms littéraires et scientifiques : Acollas, Balzac, Byron, Philémon, Gasparin, Mentor, Fontanarose, Ricord, Ratisbonne ; des noms bibliques : Abner, Salomon, Abraham ; des noms géographiques : Océan, Versailles ; des noms de mois et de jour : Janvier, Samedi ; des noms de pure fantaisie : Lune, Théiste, Ladouceur, Lasanté ; enfin des noms vraiment indiens : Ponnou, Tamby, Parrandjody, Paratirambote.

On a beaucoup fait pour l'instruction publique pendant la période qui nous occupe. J'ai pu, grâce à la complaisance d'un de mes parents, officier supérieur de la marine, me procurer un exemplaire du *Rapport* de M. l'Inspecteur Granboulan, envoyé en mission dans nos établissements en 1879 et 1880 (Pondichéry, 1880, in-8°, 44 p.). Ce rapport constatait que l'état général de l'enseignement

Pondichéry, avec quelques modifications, par un décret du 23 juin 1883 ; les autres Codes avaient été promulgués le 6 janvier 1819.

public, dans nos établissements, était tout à fait déplorable : dans les classes de français, on consacrait un temps considérable au Catéchisme, à l'étude de l'Histoire sainte ou de l'Histoire ecclésiastique, et l'on se servait de bien mauvais livres, ceux de l'abbé Courval et du père Loriquet. Il est vrai que l'enseignement était tout entier entre les mains des Congréganistes : ainsi, il existe à Pondichéry un établissement d'instruction primaire supérieur, fondé par un riche négociant indien, Calvé-Souprayachetty ; ce collège, exclusivement réservé aux jeunes Hindous de caste (les *parias* n'y sont pas admis), comptait, sur 405 élèves, 46 Musulmans et 321 Vichnouvistes ou Çivaïstes, et la direction en était confiée à un prêtre catholique ! A Chandernagor, on enseignait l'anglais plus que le français. Quant aux écoles primaires simples, gratuites, il y en avait 35 (17 de garçons et 18 de filles) qui comptaient seulement 2,799 élèves (1554 garçons et 1,245 filles) dont 321 parias ; il y avait en outre 227 écoles libres (*pallikûdam* dans le sud de l'Inde, *patchala* au Bengale) recevant 4,088 élèves dont 667 filles seulement. La rétribution dans les écoles libres varie de *un* fanon à *une* roupie (0 fr. 30 à 2 fr. 50) par mois ; on y apprend uniquement la lecture, l'écriture et le calcul dans les langues du pays. Mais il y avait environ 21,109 enfants, dont 8,942 garçons, fils d'électeurs, appelés eux-mêmes à être électeurs un jour, qui ne recevaient aucune instruction. Le seul établissement secondaire du pays, le Collège colonial de Pondichéry, également dirigé par des Congréganistes, comptait, au 31 décembre 1879, 141 élèves, dont 126 externes ; 135 de ces élèves étaient chrétiens ; 56 étaient des Indiens, parmi lesquels il y avait 8 parias. De mon temps, on n'admettait au collège que les fils des Européens et des *Topas*.

Comme je vous le disais tout à l'heure, la situation s'est beaucoup améliorée depuis 1879. Le budget de l'instruction publique a été augmenté dans de larges proportions ; on a créé de nouvelles écoles, élevé le traitement des instituteurs ; on a organisé un service d'inspection ; on a laïcisé un grand nombre d'écoles, et l'on a mis un laïque à la tête du Collége Calvé qui comptait, en 1882, 585 élèves. On a ouvert enfin à Pondichéry, le 5 mai 1884, un cours normal d'instituteurs. Des commissions d'examen ont été formées pour la délivrance des brevets de l'instruction primaire. Des règlements bien entendus ont été récemment publiés pour le fonctionnement des écoles publiques gratuites. A Mahé, par exemple, dans les classes de français, le programme comprend l'instruction morale, la lecture, l'écriture, la grammaire, l'histoire de France et celle de l'Inde, la géographie, l'arithmétique, la géométrie et ce qui concerne le calcul des surfaces et des volumes, et de nombreuses leçons et choses ; aux filles, on donne de plus des leçons de couture ; l'enseignement de l'anglais est facultatif ; dans les classes de « Malayâlam », le plan d'études est le même, mais on enseigne seulement l'histoire de l'Inde et, en revanche, on donne des leçons élémentaires de sanskrit. A Pondichéry et à Karikal, il y a le jeudi, de sept heures et demie à huit heures et demie du matin, des classes de composition ; outre les vacances ordinaires, les écoles ont vingt-huit jours de congé réglementaires (neuf fêtes indiennes, huit fêtes catholiques, quatre fêtes musulmanes et sept fêtes civiles à l'époque du jour de l'an et du 14 juillet). Les classes de tamoul sont réparties en quatre divisions, préparatoire, élémentaire, moyenne, supérieure; dans la première, on apprend à écrire sur ardoise, sur papier, sur *ôle*, et on lit le *Ėṇsuvadi* (sorte de barême) et le *Nîdimanjari* (sentences et proverbes); dans la seconde, on continue le *Nîdinandjari* et on aborde les grammaires de Pope ; le cours moyen termine le *Nîdinandjari* et se sert encore des livres de Pope, mais on y commence le *Pantchatantra* (livres I à IV); les élèves du cours supérieur achèvent le *Pantchatantra* et apprennent le *Nan'n'ûl*, qui est généralement considéré comme la meilleure grammaire tamoule originale.

Les distributions de prix ont lieu aux mêmes époques qu'en France (ce qui est absurde, car la vraie saison du repos là-bas c'est la saison fraîche), et elles se font avec beaucoup plus d'apparat que chez nous. On a encore l'habitude de faire réciter aux élèves des morceaux de littérature et de leur faire représenter des pièces de théâtre, habitude très-mauvaise, car elle enlève aux études un temps qui aurait pu être employé mieux qu'à la préparation de ces exercices publics. C'est un reste des mœurs cléricales de la vieille Université. Il y a trois ans, un élève de l'école primaire de Mahé, Colottechatta, avait, paraît-il, fort bien récité *Les embarras de Paris* : cet élève n'avait pas voulu prendre part au concours pour l'obtention d'une bourse au Collège de Pondichéry, par suite de préjugés de caste, nous dit-on, sans doute pour ne pas s'y rencontrer avec des parias. L'année dernière, les jeunes Indiens jouèrent, à Pondichéry, *Le docteur Chiendent ou l'Héritage de Rocambole*; ceux du Collège Calvé jouèrent *L'avocat Patelin*, puis ils entonnèrent la *Marseillaise* devant le buste de la République apporté sur l'estrade. Cette année, au

Petit-Séminaire de la Mission, de jeunes natifs ont chanté fort bien, assure-t-on, le *Bonhomme* de Nadaud. Un médecin indien, Appoupoullé, qui présidait la cérémonie à l'école de Pallour (Mahé), a rappelé qu'un poète hindou, une femme, a dit : « Même en mourant, n'abandonnez pas vos livres » ; c'est évidemment Auvei qui était citée, mais je n'ai pas souvenir d'un pareil passage. Le 24 juillet 1884, le principal du Collège Colonial de Pondichéry, M. l'abbé Roserot, a fait un historique rapide de la langue française ; il a commencé par rappeler très-opportunément le bel éloge que faisait récemment de notre langue le marquis de Lorme en prononçant la clôture du Parlement canadien (1).

(1) J'appelle à ce propos sur les lignes suivantes, que j'emprunte à un de nos grands journaux, l'attention de ceux qui nient la capacité colonisatrice de la France : « Une correspondance d'Ottawa dit que le résultat du dernier recensement a attiré très sérieusement l'attention sur les progrès immenses faits par l'élément canadien-français dans la population de la province d'Ontario et spécialement des comtés de l'Est et de ceux contigus à la province de Québec. Il y a quelques années, l'élément français du Dominion était presque exclusivement confiné dans les limites du Bas-Canada. La remarquable extension qu'il a prise depuis dix ans dans tout le Dominion fait présager la prépondérance prochaine des Canadiens français dans beaucoup des comtés dont la population était, il n'y a pas encore longtemps, de langue anglaise. Suivant le dernier recensement, la population entière du Dominion est de 1,324,810 habitants, dont plus de 30 0/0 sont d'origine française et ont conservé la langue de leurs pères. Les comtés de la province d'Ontario où l'accroissement de la population canadienne-française est le plus extraordinaire sont ceux de Glengarry Corrwall, Starmont, Prescott, Russell, South Renfrew et North Renfrew. Dans le comté de Prescott, où, il y a moins de dix ans, le représentant était toujours de langue anglaise, il serait impossible aujourd'hui d'élire un représentant n'appartenant pas à l'élément canadien-français. »

Les progrès de la langue française ne sont pas moindres en Loui-

L'École de Droit de Pondichéry poursuit le cours de ses succès ; trois de ses élèves, les jeunes Bayond et Sirot, de la catégorie des « gens à chapeau », et Gnanadicom, indigène, ont été reçus licenciés à Aix en novembre 1883 et juillet 1884, ce qui porte à *sept* le nombre des élèves de l'École qui ont obtenu le diplome. Elle comptait à la fin de l'année 1883 73 élèves, dont 58 de première année, 8 de deuxième et 7 de troisième ; sur ces 73 élèves, il y avait 59 Indiens dont 15 avaient renoncé à leur statut personnel. Les examens du baccalauréat, ès-lettres ou ès-sciences, qui se passent, pour ainsi dire, par correspondance, ont été moins brillants : sur *cinq* candidats pour la première partie de l'examen, *trois* seulement ont été reçus, mais l'unique candidat qui sollicitait le complément de son di-

siane. Le nombre des écoles françaises y augmente de jour en jour. On lisait dernièrement dans l'*Abeille* de la Nouvelle-Orléans : « Quiconque peut enseigner le français et la musique, surtout la musique vocale, est sûr de trouver de l'emploi aux États-Unis. Aussi commence-t-on au Nord à former des professeurs de langue française. Un grand journal de New-York prend les devants, et, s'inspirant de l'exemple de l'*Athénée*, fonde un prix pour la meilleure composition en français qui lui sera adressée. L'*Athénée* a entrepris une œuvre utile et patriotique qui mérite d'être encouragée par tous ceux qui comprennent bien les intérêts de notre population franco-louisianaise. Pour étendre son action, il a organisé des conférences; après avoir donné l'exemple, il invite les personnes qui ne font pas partie de la Société à l'aider dans ses efforts, en prenant la parole dans les fêtes littéraires auxquelles il convie le public. Nous apprenons, avec la plus vive satisfaction, qu'une jeune Louisianaise se propose de répondre à l'appel de l'*Athénée*, en donnant bientôt une conférence. Nous ne doutons pas de son succès, nous sommes convaincus qu'un auditoire nombreux s'empressera de rendre justice à son mérite, et d'applaudir à sa courageuse et gracieuse initiative. »

plôme a dû être ajourné. Le Conseil général vote des crédits pour l'entretien de jeunes créoles qui viennent finir leurs études en France ; un décret du 20 janvier 1881 avait d'ailleurs accordé à l'Inde française une demi-bourse dans un des Lycées de France et de récentes décisions ont ouvert l'École d'Arts et Métiers d'Aix aux jeunes Français de toutes nos colonies.

Les progrès réalisés depuis cinq ans sont évidemment dûs au zèle et à l'activité de M. le gouverneur Drouhet (1) qui n'a point oublié ses longues années de service dans l'enseignement, et qui, mieux que personne, a pu comprendre l'importance de l'instruction sous un gouver-

(1) M. Drouhet vient d'être relevé de ses fonctions. Dans la proclamation qu'il a publiée à l'occasion de son départ et dans sa circulaire d'adieux aux chefs de service, il exprime tous ses vœux « pour la prospérité matérielle et l'émancipation morale de l'Inde » ; il regrette seulement « de laisser inachevée l'œuvre de progrès et de civilisation » que lui avait laissée son prédécesseur M. Laugier. « La renonciation au statut personnel », ajoute-t-il, « n'apparaîtra plus, aux uns, comme un expédient électoral et une menace pour leur suprématie, aux autres, comme une atteinte à leurs us et coutumes ». Il se félicite de laisser un budget en équilibre et une caisse de réserve de 500,000 fr. En débarquant à Pondichéry, le 21 octobre dernier, le nouveau Gouverneur, M. Richaud, a dit : « La République ne pouvait que se montrer sympathique au mouvement qui porte une partie de la population indigène à réclamer une assimilation complète avec la mère-patrie. Mais la République ne peut pas oublier les engagements solennels, pris par la France à différentes époques, de respecter les us et coutumes des habitants de l'Inde ; aussi, fidèle à ses principes d'équité et de justice, elle ne voudra jamais que le mouvement libéral de renonciation puisse devenir un instrument d'oppression ». M. Richaud a ajouté que Pondichéry, où vont être établis de « riches parcs à charbon », et Mahé, ont été désignés pour servir de centres de ravitaillement aux expéditions françaises dans l'extrême-Orient.

nement démocratique. Vous m'excuserez de vous avoir retenu si longtemps sur cette seule question ; mais c'es que je suis aussi de ceux que les questions d'enseignement préoccupent à un haut degré ; les titres de délégué cantonal, de membre d'une commission scolaire, d'examinateur pour les brevets de capacité, que je dois à la bienveillance du Conseil départemental de la Seine et et du Conseil municipal de Paris, m'en font d'ailleurs un devoir rigoureux.

Mais, pour en revenir à notre colonie de l'Inde, elle traverse en ce moment une pénible crise financière. Les budgets se sont trouvés pour la première fois en déficit ; les causes de ce déficit sont diverses : augmentation des dépenses causées par l'extension des services publics, organisation d'une direction de l'intérieur, création de municipalités (votée par le Conseil général en 1879, seulement par 13 voix contre 11), abaissement de la valeur de la roupie (2 fr. 05 ou 2 fr. 10, au lieu de 2 fr. 40) (1), di-

(1) Telle était, en effet, l'évaluation officielle ; on acceptait même ordinairement la roupie pour 2 fr. 50. Un décret du 20 septembre 1884 vient de décider que la valeur officielle de la roupie serait fixée tous les ans par le Gouverneur de Pondichéry, d'après le cours commercial. La *roupie* (*rupiyâ*) est pour ainsi dire l'unité monétaire de l'Inde ; elle est en argent ; il y en a de plusieurs espèces dans la circulation : la roupie *sicca* (usitée au Bengale, c'est celle qui a le plus de valeur) ; la roupie de Madras (au titre de 11/12 et pesant 180 grains, soit 11 grammes 520), la roupie de Pondichéry (titre 115/120, poids 2 gros 70 grains et 33/40, soit 11 gr. 1412), la roupie d'Arcate, la roupie du Mogol, etc. La roupie anglaise se subdivise en seize *annas* (*ânâ*) ; chaque *anna* vaut quatre *pice*, et chaque *pice* (*pâisâ*) vaut trois *pie* (*pâi*) ; la roupie française contient huit *fanons* de vingt-quatre *caches*. Les multiples de la roupie sont le *muhur d'or* ou *achrafi* (quinze roupies), et la *pagode*, égale-

minution de 73,274 fr. dans le produit de la vente du sel (1), dépenses extraordinaires (le pont-débarcadère et le chemin de fer ont coûté 1,289,501 fr.) : la caisse de réserve, qui contenait 557,616 fr. 26 c. au 30 juin 1879, n'en renfermait plus que 220,000 trois ans après. Aussi, le Conseil général avait-il songé à demander à la métropole l'abandon à la colonie de la rente de quatre lacks de *roupies sicca* (un million de francs, réduit à 944,841 fr. par suite de l'abaissement de la valeur de la roupie(payée par le gouvernement anglais, en vertu des traités de 1815, ou tout au moins de la moitié de cette rente ; la question a même été portée à la tribune par le député de l'Inde, le 4 décembre 1882, mais l'administration a ré-

ment en or : il y a la pagode de *Portenove* (trois roupies), la pagode *Bahadour* ou la pagode *au croissant* (quatre roupies chacune). L'hôtel des monnaies de Pondichéry, très actif au dernier siècle, avait repris ses travaux le 24 mai 1817 ; il a fonctionné jusqu'en 1830, et il a encore travaillé pendant quelques mois en 1837. A l'énumération précédente il faut ajouter une monnaie de compte, le *tangam* ou *tchakra,* qui vaut, suivant les localités, 3 fr. 733, 2 fr. 666 ou 0 fr. 804. — *Rupiyâ* est le sk. *rûpya* « ce qui est beau, ce qui est élégant » et, par suite, « argent, argent monnoyé » ; *fanon* est le sk. *paṇa* « jeu, enjeu, valeur commerciale, monnaie » ; *muhur*, *mohar*, *mohr* est un mot persan qui veut dire « sceau, empreinte » ; *achrafi* est un mot arabe « noble, éminent » ; *cache*, c'est-à-dire *kâçu̱*, est purement tamoul, ainsi que *tangam* : *cache* est proprement « monnaie », *tangam* est un des synonymes de *pon* « or, or fin » ; *sikka* est l'arabe *sikkah* « fer de charrue, fer, empreinte monétaire », etc.

(1) Par suite des traités du 7 mars 1815 et du 13 mai 1818, les salines des établissements français de l'Inde ont cessé toute fabrication ; le gouvernement anglais s'est engagé à fournir à notre administration tout le sel dont on aurait besoin sur notre territoire, à condition qu'il n'y soit pas vendu à un prix plus élevé que sur le territoire anglais.

pondu que les conventions de 1815, conclues par la France dans la plénitude de sa souveraineté, étaient en faveur de l'État, et non de la Colonie (1), qui reçoit d'ailleurs une subvention indirecte par la réduction qu'on a apportée au chiffre annuel du contingent qu'elle doit fournir à la métropole. Devant ce refus, on a dû établir de nouveaux impôts : un droit de timbre, un droit sur les charrettes, un droit sur l'importation des spiritueux, etc ; on a créé un timbre-poste colonial de trente centimes (un fanon) ; on a enfin ramené aux usages d'Europe la perception de l'impôt foncier, qui s'opérait auparavant par l'année culturale indienne *Fazély* (du 13 juillet d'une année grégorienne au 12 juillet de l'année suivante).

La discussion des budgets, au sein des Conseils électifs, est habituellement assez vive ; pourtant un projet du Gouverneur tendant en quelque sorte à l'autonomie finan-

(1) L'indemnité de quatre lacks de roupies *sicca* était indépendante d'une somme de 4,000 pagodes (33,600 fr.) qui devait être attribuée aux propriétaires des salines. On a prétendu que l'indemnité du million s'appliquait aussi à la renonciation par nous du droit de faire et de vendre de l'opium ; c'est une erreur : nous avons renoncé à faire de l'opium par une convention de 1787, mais la Compagnie anglaise s'était engagée à nous en livrer, sur réquisition, 300 caisses au prix de fabrique (environ 300 roupies, 750 fr., par caisse). La convention du 7 mars 1815 a confirmé notre droit, mais en nous obligeant à payer désormais le prix commercial moyen de Calcutta (en 1883, 1,300 roupies, 3,250 fr.) : nous n'avons donc plus à faire la réquisition qu'un intérêt pour ainsi dire de principe. — Le député de l'Inde aurait pu répondre à M. Arthur Leroy, rapporteur de la commission du budget, qu'il y avait un précédent : du 15 janvier 1826 au 31 décembre 1831, le million a figuré au budget comme affecté spécialement à des subventions aux colonies et n'a pas été indistinctement compris parmi les revenus du Trésor.

cière des conseils locaux a été assez mal accueilli, et a dû être retiré. Entre autres points contestés, le Conseil général revendiquait le droit exclusif d'apprécier la capacité et la moralité des professeurs, et d'attribuer les bourses accordées dans les divers établissements d'instruction publique ; mais l'administration niait ce droit, prétendant que, votant seulement le budget par chapitres, l'Assemblée ne pouvait se prononcer pour ou contre tel article déterminé. Le budget de 1884 s'élève, en recettes et en dépenses, au chiffre de 2,169,700 fr. (1) ; dans la répartition de ce chiffre entre les cinq établissements, Karikal et Chandernagor présentent seuls un excédant de recettes qui permet de couvrir le déficit de Pondichéry, de Mahé, et de Yanaon. L'ancienne Loge de Surate rapporte 720 fr., prix de location du terrain et de l'immeuble qui nous y appartiennent.

On s'occupe en même temps d'accroître la production industrielle du pays. Mon ancien auditeur M. François Deloncle a obtenu l'autorisation de faire exploiter les mines de lignite de Bahour ; des sondages ont appris qu'il y en existait une couche dont l'ensemble mesurerait 9^{m} 56 d'épaisseur sur 18 kilomètres carrés d'étendue ; la concession accordée par un arrêté local du 7 août 1884 porte sur une superficie de 3,690 hectares. Vous savez que M. Deloncle s'occupe en même temps du percement de l'isthme de Kra, opération très importante pour l'Inde et surtout pour la Cochinchine française.

Le renchérissement des subsistances, depuis quelques

(1) Il était, en 1860, de 1,377,153 fr.; en 1839, de 932,849 fr., et en 1826, de 909,000 fr.

années, suit dans l'Inde une progression inquiétante (1). En 1867, un bœuf valait à Pondichéry environ 17 fr. 50, il vaut aujourd'hui plus de 35 fr. Le riz brut se vendait à Karikal, en 1861, au prix de 15 à 20 mesures pour un fanon (0 fr. 30), et le riz décortiqué au prix de 6 à 8 mesures; en 1883, on n'avait plus pour le même prix que 6 à 7 mesures de *nelly* (riz brut) et 2 à 3 mesures de riz. La *mesure* contient 800 grammes de riz (2) ayant déjà une année de récolte; elle équivaut à peu près à 75 centilitres. L'huile de coco se vend par sept livres et demie (3 kilogr. 125) à la roupie (2 fr. 50). Le sel qui valait en 1861 190 roupies 4 fanons (475 fr.) la garce (52 hectolitres) atteignait en 1882 le prix de 333 roupies (822 fr. 50). Il y a eu pourtant une augmentation dans la production. On cultive aujourd'hui 6,000 cocotiers qui paient un impôt de 4 fr. 20 à 6 fr. chacun, et dont on tire des spiritueux : on consomme annuellement à Karikal, pour une population de 92,299 personnes, 151,920 veltes (1,782 hectolitres) d'arrack. Il y a maintenant, à Pondichéry, 7,800 *kanis* (4,680 h.) de rizières (il n'y en avait en 1861 que 4,000, mais on a converti en rizières les terres à menus grains); arrosées par les grands étangs de Bahour et d'Oussoudou, elles donnaient environ 20 galons (840 litres)

(1) Voici qu'après les famines d'il y a quelques années, notre colonie vient d'être éprouvée par des inondations occasionnées, à ce qu'on télégraphie de Pondichéry le 3 novembre, par des pluies prolongées. Ces pluies, ordinaires à chaque changement de mousson (mars et octobre), ont été cette année excessivement abondantes.

(2) Les principales espèces de riz cultivées sur notre territoire sont les suivantes : Çambâ, sir'umaṇiyam, kalluṇḍei, tilleinâyagam, kâr, kaḍappu, kaivarei, etc.

par *kani* (60 ares); en 1852, on évaluait le rendement d'un *kani* à 17 galons valant 5 fr. 14 (actuellement les 20 galons valent 20 roupies : 50 fr.); on a, de plus, pour la même superficie, 40 paquets de paille à un fanon, ce qui porte à 25 roupies (62 fr. 50) le revenu total. Mais les frais s'élèvent à 22 ou 23 roupies (55 ou 57 fr. 50) : impôt 4 roupies; labour (24 charrues louées 2 fanon chacune), 6 roupies; grain pour l'ensemencement, 1 roupie et demie; main-d'œuvre, 5 roupies; arrosage, 1 roupie; courses, transport, etc., 5 roupies. Le revenu net d'un *kani* n'est donc que de 2 ou 3 roupies, c'est-à-dire de 5 à 6 fr. par hectare. L'impôt, toujours fixe et déterminé, représente environ le sixième du revenu brut; c'est à peu près la proportion regardée comme juste et légitime par les lois de Manou; cf. liv. VII, çlôka 129 et 130 :

Yathâlpâlpamadantyâdyam vâryôkôvatsaṣaṭpadâh
Tathâlpâlpô grahîtavyô râṣṭrâdrâjñâbdikah karah.
Pañcâçadbhâga âdêyôrâjñâ paçuhiraṇyayôh
Dhânyânâmaṣṭamô bhâgah ṣaṣṭô dvâdaça êva vâ

« De même que la sangsue, le jeune veau et l'abeille « ne prennent que petit à petit leur nourriture, de même « ce n'est que par petites portions que le roi doit perce- « voir le tribut annuel dans son royaume.

« La 50e partie peut être prélevée par le roi sur les « bestiaux et sur l'or ou l'argent; la 8e, 6e ou 12e sur les « grains. »

Le chiffre de cet impôt foncier a beaucoup varié. Avant le XIe siècle, suivant les doctrines indiennes, le roi était l'unique propriétaire du sol; les cultivateurs n'étaient que des fermiers. En réalité, le souverain abandonnait par faveur, par commisération ou comme rémunération de leur travail, une partie de la récolte aux détenteurs du sol, qui avaient encore à payer d'autres redevances. Outre le sixième attribué au monarque, on donnait un douzième aux brahmes, et un trentième à la divinité locale ; ces obligations sont mentionnées dans divers ouvrages tamouls, au chapitre de « la description du pays » ; cf. *Çakuntalâ* (tamoul ; éd. Madras, 1845, p. 50 ; et *Tiruviḷeiyâḍalpurâṇa* (I, 28) :

Kat't'eiveikkaḷeindutût't'ikkûppiyûrkkâṇittéy....va
Mat't'avarkkat't'avâr'îndaḷaveikkaṇḍâr'ilon'.... d'u
Kot't'avarkaḍameikoḷḷappaṇḍiyit'koḍupôytten....nâ
Dut'tavarsut't'andéyvamviruṇdinarkkûṭṭiyuṇb...âr

« (Les cultivateurs) séparent la paille en bottes, vannent et amassent (les grains), et en offrent aux pauvres ainsi qu'à la divinité protectrice du pays ; puis mesurant (leur récolte), ils l'emportent sur des charrettes, le roi en prenant un sixième pour impôt, et le mangent, après en avoir donné aux mânes, à leurs parents, aux dieux, aux étrangers de passage ».

Les Musulmans conservèrent ces usages et en abusèrent ; sous leur domination, la part du souverain s'éleva à 60 et 70 pour cent. Le gouvernement français, quand il se substitua à celui des râdjâs, conserva les habitudes anciennes. A Karikal, avant 1788, il ne restait aux cultivateurs, toutes redevances payées, que 39 0/0 de la récolte : l'État prenait 35 0/0 ; un règlement du 15 mai 1788 élvea à 42 0/0 la part du détenteur du sol, attribua une part égale à l'État, et réduisit à 16 0/0 le montant des redevances, dont 2/3 pour œuvres pies chrétiennes et 2/3 pour œuvres pies indiennes. Aujourd'hui, l'impôt est payé sur les mêmes bases dans tous nos établissements ; mais à Karikal, c'est seulement depuis le décret du 16 janvier 1854 que les cultivateurs sont considérés comme les propriétaires des terrains qu'ils détiennent ; la propriété n'y est d'ailleurs pas individuelle, mais collective : toutes les terres d'un village, d'une *aldée,* sont régies par une sorte de syndicat de propriétaires dit *Mirasdars* (du mot arabe *mirâs'* « héritage » et de la terminaison *dàr* « possesseur ») dont la part personnelle n'est pas délimitée. A Pondichéry, de 1828 à 1853, l'impôt s'élevait à 48 0/0 au maximum ; en 1853, il fut réduit à 25 et en 1861 à 22 1/2 0/0 ; il est aujourd'hui de 16 à 17 0/0. L'ordonnance locale du 7 juin 1828 (art. 17) avait établi la proportion des taxes foncières, suivant les usages immémoriaux ; l'impôt était déterminé par la quantité d'eau nécessaire pour arroser les terres et suivant le mode d'irrigation. On prenait 40 0/0 pour les terres hautes, dites terres à *menus grains* ou *à potager* et pour les terres basses arrosées par les étangs ou les sources ; 43 0/0 pour les terres basses arrosées par des puits rapprochés ; 32 0/0 pour celles arrosées par de grands puits rares, ou seulement par les pluies.

J'ai emprunté quelques-uns des détails qui précèdent aux très intéressants *procès-verbaux* des conseils électifs de l'Inde française, qu'on a eu la bonne idée de faire imprimer en volume. J'y ai appris aussi qu'une mission diplomatique, au sujet des « Loges », avait été confiée à M. Haas, ancien chef de service de Karikal ; il s'agit probablement, soit d'un projet d'échange territorial, soit de la restitution complète des territoires qui nous appartiennent à Cassimbazar, Patna et Jougdia ; on ne nous a rendu en 1815 que les loges de Surate, Mazulipatam,

Dacca et Balassore. Nous avons, sur tous ces établissements, des droits « reconnus » de « souveraineté et de juridiction ». L'éparpillement de nos établissements et l'irrégularité de celui de Pondichéry tout entrecoupé d'enclaves anglaises avaient depuis longtemps donné l'idée d'un échange : on augmenterait la superficie du territoire de Pondichéry et peut-être de celui de Karikal, mais on abandonnerait définitivement à l'Angleterre les trois autres établissements et l'on renoncerait à tous droits sur les Loges. Les Anglais tiendraient beaucoup à l'exécution de ce projet; mais je ne crois pas que notre intérêt bien entendu soit d'y donner suite. Les journaux de Calcutta en ont parlé récemment ; le *Petit Bengali* de Chandernagor a vivement protesté ; une pétition, adressée au Ministre par les habitants de cette ville, affirmait leur attachement à la France ; le conseil général a émis le vœu qu'aucune négociation ne soit engagée sans son avis; la réponse ministérielle, très satisfaisante, a été lue le 9 septembre 1883 au conseil local de l'établissement. L'insinuation anglaise avait pour cause la présence à Chandernagor du prince Min-Goun, prétendant au trône de Birmanie et hostile à l'influence anglaise. Vous savez que ce prince a, depuis, réussi à s'embarquer à Calcutta sur un paquebot français; mais reconnu à Ceylan, il a dû rétrograder et se réfugier à Pondichéry, où, par parenthèse, il a assisté à la fête du 14 juillet dernier.

Ce n'est pas le seul prince qui ait honoré notre colonie de sa visite. Le râdjâ du Travancore (*tiruvarankôḍu*) y était précédemment venu ; la princesse de Tandjâvûr y a passé deux jours avec son mari (ils viennent d'être nommés tous deux Officiers de l'Instruction publique) en février de cette année ; leur présence a donné lieu à des réjouissances publiques analogues à celles de la fête nationale : régates sur la mer à la voile, course de *catimarons* (1) (le prix consiste en deux *chomins* (2) et deux fanons (0 fr. 60), course de canards, représentations théâtrales sur la place du Gouvernement. Le 14 juillet, au lieu de s'adresser au vaste répertoire indien, on a joué notre *Geneviève de Brabant*, en tamoul populaire ! A Bahour, il y a eu « réception » à la Mairie : une jeune fille est venue couronner solennellement la statue de la République que le Maire a promenée ensuite, la portant entre ses bras à travers les rues jonchées de fleurs de l'aldée.

Vous voyez que l'on se met là-bas à la mode européenne : Chandernagor a sa rue Gambetta ; Pondichéry sa place de la République (on l'appelait auparavant place Napoléon III) ; je l'ai connue sous le nom de place du Gouvernement : c'est en grande partie l'emplacement qu'occupait jadis le fort Louis. Le Conseil général a souscrit pour les monuments élevés à MM. Gambetta et Chanzy ; plusieurs de ses membres ont proposé l'organisation d'un corps de volontaires à envoyer au Tonkin (le Gouvernement a refusé) ; une pétition de 462 électeurs de l'Inde française, adressée au Sénat, demandait même il y a deux ans que la loi militaire de la Métropole fût ap-

(1) L'orthographe scientifique serait *kattimaram* « bois en forme de couteau » ; c'est un assemblage de trois pièces de bois liées ensemble, taillées grossièrement en pointe (celle au milieu est plus longue que les autres). Ce bateau, insubmersible, peut porter un ou deux hommes.

(2) C'est-à-dire *sôman'*, pièce d'étoffe (de coton), longue de deux mètres environ, que les hommes s'attachent autour des reins ; c'est leur principal et presque unique vêtement.

pliquée à la Colonie, mais cette pétition a dû être écartée par l'ordre du jour, parce que les signatures n'étaient pas légalisées (rapport de M. de la Sicotière); etc.

Je n'en finirais pas si je voulais vous signaler tout ce que j'ai trouvé d'intéressant dans les journaux de l'Inde française. Je retiens seulement l'organisation d'une Bibliothèque à Karikal; parmi les ouvrages, provenant du dépôt légal, qu'a reçus celle de Pondichéry, j'ai remarqué *les Races humaines* de M. Hovelacque, l'*Évangéliste* de M. A. Daudet et les *Derniers sauvages* de M. Max Radiguet. Il y a depuis longtemps à Chandernagor une *Bibliothèque* fournie et entretenue par des donations particulières; ce *puchtokagar*, comme on l'appelle, contient environ 2,000 volumes français, anglais, sanskrits et bengalis ; les lecteurs paient un abonnement de 1 fr. 25 environ chacun par mois. Permettez-moi de vous donner encore quelques renseignements statistiques. Nos tribunaux ont jugé, en 1883, 10,524 affaires de toute espèce (la population totale de nos établissements est de 285,022 habitants). A l'époque la plus chaude de l'année, du 1er au 15 août, le baromètre oscille dans l'Inde française de 753 à 764 millimètres et le thermomètre marque en moyenne 29° à Chandernagor et à Mahé, 32° à Pondichéry, Karikal et Yanaon.

Parmi les projets d'amélioration à signaler, je ne saurais oublier le rattachement probable de Karikal au *South-Indian-Railway;* l'embranchement aboutirait à Mayavaram. Les prix, sur le réseau anglo-indien, sont relativement peu élevés : on paie 18 centimes par mille anglais (1,666 mètres) en première classe avec une franchise de 54 kilos de bagages, 5 centimes en seconde (et 27 kilos de bagages), 2 centimes et demie en troisième (9 kilos).

On peut ainsi aller pour 3 fr. 80, en troisième classe, de Pondichéry à Madras ; la distance parcourue est de 195 kilomètres ; le trajet dure huit heures. Vous savez qu'en 1879 il y avait dans toute l'Inde 8,611 milles (14,345 kilomètres) de voies ferrées dont 175 dans les États tributaires. Un projet grandiose a été conçu : il consiste à rattacher les chemins de fer de l'Inde à ceux de l'Europe par une ligne ferrée allant de Karratchi à Ceuta et Gibraltar, par Kélat, Bassorah, le Caire, Tripoli, Tunis et Tanger. La dépense est évaluée à 250 millions de francs. Ce chemin de fer serait parallèle à la grande ligne que les Russes voudraient, dit-on, construire de Saint-Pétersbourg à Pékin. Un autre projet dont l'exécution est plus immédiate vient d'être adopté par le Gouvernement de Ceylan et par celui de Calcutta ; il avait été présenté, en 1882, par un Francais, M. Ruinat, agent des Messageries maritimes à Colombo : il s'agit de la construction d'un canal à travers l'île de Ramisseram (Ramêçvara) entre le golfe de Manar et celui de Palk. Ce canal, dont l'établissement coûtera environ 1,250,000 fr., aura une longueur de deux kilomètres sur trente mètres de largeur au plafond et dix mètres de profondeur ; il est destiné à faire communiquer directement le golfe de Manar avec le golfe du Bengale ; il raccourcira de 500 kilomètres la route entre Suez et Calcutta, au grand avantage de nos colonies de Karikal, Pondichéry et Chandernagor, dont les deux premières seront exactement sur la nouvelle ligne (1).

(1) Il convient de signaler en passant l'installation, due aux efforts d'un créole de la Réunion, M. L. Adam, d'un télégraphe optique destiné à fonctionner entre l'île de la Réunion et l'île de France (Maurice), qui est reliée à la métropole par un cable sous-ma-

Le journal « avancé », *le Progrès de Karikal,* paraît maintenant à Pondichéry, sous le titre de *Progrès de l'Inde française.* La collection en est fort intéressante à parcourir. On peut y lire, en tamoul, des articles en faveur des principes républicains dont l'auteur appuie ses arguments de citations des vieux poèmes du pays (*Kur'al, Nâladiyâr,* etc). J'y ai appris qu'en décembre 1881, il s'est formé à Râdjâmandri, sur le territoire anglais, une association pour faciliter le mariage des veuves : les deux premières veuves qui se sont remariées avaient quatorze et douze ans ! J'y ai trouvé une pétition demandant l'abolition de la contrainte par corps, écrite en français, et dont voici le début : « Les Vèdas rapportent que l'éléphant Kézêndiren (1), qui s'était laissé prendre dans la gueule d'un crocodile, s'étant adressé à Dieu dans ce péril éminent (*sic*), fut en effet sauvé, la Providence ayant tué l'alligator. La situation des débiteurs indiens est la même que celle de l'éléphant, en ce que la contrainte par corps, abrogée par la loi du 22-26 juillet 1867, ne laisse pas que d'être encore en vigueur dans la colonie ; etc. ».

Le *Progrès* attaquait vivement le député de l'Inde et la majorité des Conseils électifs ; aussi en a-t-il été question dans une séance du Conseil général du 2 décembre 1882

rin. Les communications sont établies à l'aide de miroirs lenticulaires d'environ 60 centimètres de diamètre, placés l'un à Maurice à une altitude de 750 mètres, l'autre à Bourbon à 1,130 mètres au-dessus du niveau de la mer. Le jour, les réflecteurs renvoient les rayons solaires ; la nuit, on place à leurs foyers des lampes à pétrole. Les appareils employés sont ceux inventés, pour les opérations militaires, par M. le colonel Mangin.

(1) Gajêndra ; épisode de la littérature classique qu'on chercherait en vain dans les Védas.

où l'on s'est plaint des « rapports de l'administration » avec ce journal dont le gérant, Louis Rassendren (1), a été condamné à 1,000 fr. d'amende, pour diffamation, par arrêt de la Cour de Pondichéry du 18 janvier 1883.

De son côté, l'organe « réactionnaire », le *Petit bengali* de Chandernagor, continue également à paraître. Il a publié de très remarquables études sur l'histoire de la ville, sur les Santals, etc., et vertement répliqué, entre autres, à une fausse lettre signée « Joseph de Rozario, zémindar à Chandernagor », insérée dans le *Figaro* du 26 août 1880.

D'autres journaux, qui n'ont pas vécu, ont été fondés dans l'Inde française. En août 1881, M. Pène-Siefert, veuf de Mme Louisa Siefert dont vous connaissez les vers charmants, candidat à la députation, fit paraître cinq numéros de *l'Inde française;* aussi, s'opposa-t-il, en 1883, à la publication d'un journal portant le même titre fondé par les amis des « renonçants » : le nouveau journal prit alors le titre de « *Le Temps de l'Inde française* »; mais, à son dixième numéro, il cessa sa publication, par suite de réclamations et de protestations du *Temps* de Paris. En janvier 1883, il y avait encore à Pondichéry le *Mezzo-termine*, organe du parti « non-renonçant », et à Karikal le *Sattiyabimâni* (*Satyâbhimâni*) « Moniteur (?) de la vérité », journal tout tamoul, rédigé, m'écrivait-on, uniquement par des « païens ».

Le *Journal officiel* a reproduit, sur les colonies françaises et sur les colonies anglaises, une série d'articles statistiques fort remarquables dus à M. E. Avalle, chef de

(1) Membre du conseil général.

bureau au Ministère de la Marine et des Colonies ; ces articles avaient d'abord paru dans la *Revue maritime et coloniale* (1). Je signale en particulier ceux sur l'Inde (août et septembre 1882, Inde anglaise ; octobre-novembre 1883, Inde française). Le numéro du 9 février 1880 contenait une très intéressante note sur la culture du café dans l'Inde.

Le rapport de M. J. Darmesteter (*Journal Asiatique*, 8e série, t. IV, p. 11-142) donne des détails très complets sur le progrès des études indiennes. Le savant rapporteur s'arrête avec la complaisance qu'ils méritent sur la *Çakuntalâ*, sur l'excellent *Manuel pour étudier la langue sanscrite* et sur la *Religion védique* de M. Bergaigne ; il se félicite de la continuation par M. Hauvette-Besnault du *Bhâgavata-purâṇa* d'Eug. Burnouf ; il n'a garde d'oublier les savants mémoires qui composent les *Annales du Musée Guimet* (2), et fait très honorablement mention de ma petite *Gram-*

(1) Il a paru, dans l'*Économiste français* du 8 novembre 1884 un article sur les Anglais dans l'Inde.

(2) Parmi les travaux contenus dans le tome VII de cette collection, on remarquera un article sur le Çivaïsme du sud de l'Inde (tiré à part, vi-14 p. in-4o, avec une fig.) par *S.-W. Sênâdirâyen* (qui écrit son nom à l'anglaise *Sénâthirâja*, transcription inexacte, car *th* n'est point *d*). Cet article est intéressant, quoiqu'il ne dise rien de bien nouveau. L'auteur ne paraît pas tout à fait au courant des travaux des Européens. Il convient de relever des coquilles typographiques ou des négligences de transcription : *advaida*, *pûja*, *muhkti*, *mânikavasaka* (*mânikyavâtchaka*), *subramaniga*, *vadamolli* et *tenmolli* (où le *ḍ* de *vada* doit être cérébral et où le double *l* représente le *r*, *l*, *j* simple cérébral dravidien), sans parler des *th* pour *d* et des *sh* pour *ch* (*Vishnu*, *Krishna* ; j'aime mieux *Vichnu*, *Krichna*, mais les vraies transcriptions seraient : *Viṣṇu*, *Kṛṣṇa*).

maire hindoustanie (1), de ma traduction du troisième chant du *Çindâmaṇi* (2) et de la traduction par M. Devèze, que j'ai le plaisir de retrouver encore parmi vous, d'une très importante légende çivaïste racontée dans le premier chant de l'*Aruṇâsalapurâṇa* tamoul.

C'est dans la *Revue de Linguistique,* dont la direction m'est confiée, qu'ont paru deux de ces derniers travaux. J'y ai fait reproduire plusieurs articles que j'ai donnés au *Dictionnaire des Sciences anthropologiques* (3).

Dans le *Journal of the Royal Asiatic Society*, M. Louis Rice a écrit en juillet 1883 sur les *Early Kannada authors.* En avril, M. Robert Cust a publié *Grammatical note and vocabulary of the kor-ku* (dialecte kolarien) ; M. S. Mateer a traité de *The pariah caste of Travancore;* et M. G. A. Grierson a publié *Bihari folk songs.* En juillet dernier,

(1) Je crois remplir un devoir en remerciant très vivement M. Albert S. Gatschet du compte-rendu trop bienveillant qu'il a bien voulu faire de cette *Grammaire* dans l'*American antiquary* (Chicago, 1884, t. VI, p. 219).

(2) Cette traduction, avec le texte gravé, d'un passage entièrement inédit de l'un des plus vieux poèmes tamouls, occupe les pages 547 à 577 des *Mélanges orientaux* par les professeurs de l'École des langues orientales, beau volume présenté au Congrès des orientalistes de Leyde (1883).

(3) Paris, librairie Doin, in-4°. — Les articles qui portent ma signature sont les suivants : Accadien, *Agglutination*, *Alphabet*, *Altaïques* (langues), Amérique (linguistique), Australien, Basques (Ethnographie, Linguistique), *Bouddhisme*, *Brahmanisme*, *Brahui*, Chine (Mythologie), Créoles (Linguistique), *Dravidiens* (Linguistique), *Écriture*, Fétichisme, Incorporation, *Inde* (Géographie et Histoire, Ethnographie, Mythologie, Linguistique), *J'âinas*, Japon (Mythologie, Linguistique), Khamites (Linguistique), *Kolariens* (Linguistique), *Lamaïsme* (livr. 1 à 13, les seules qui aient paru jusqu'à ce jour).

M. Cust s'est occupé de *The origin of the Indian alphabet* (1).

Dans la *Zeitschrift der Deutschen morgenlandischen Gesellschaft* on lit (t. XXXVI, p. 361-383) un mémoire de M. Th. Aufrecht : *Beitræge zur Kenntniss indischer Dichter.*

Je vous recommande de toutes mes forces deux excellents articles de M. le professeur Mantegazza sur les races de l'Inde (*Archivio per l'antropologia e la etnografia*, t. XIII, 1883, pp. 177-241, 379-604).

L'*Indian Antiquary* est, comme toujours, une abondante réunion de documents précieux. M. Pope y continue ses études sur les *Kur'aḷ* de Tiruvalluva ; M. Fleet y poursuit ses travaux sur les *Inscriptions* du Décan ; M. Skirt y publie des chansons en *langue brahui* ; MM. Burnell,

(1) Ces deux articles de M. Cust ont été tirés à part. — Le premier est la reproduction d'une plaquette imprimée et d'un vocabulaire lithographié qui paraissent être l'œuvre de M. A. Norton, missionnaire américain à Ellichpour, et qu'un inconnu avait laissé dans la salle des séances de la Société asiatique anglaise. Le *korkû* est parlé dans les provinces centrales, sur les collines de Mahadeo, à l'ouest des forêts qui bordent la Tapti et la Narmada, jusqu'au pays des Bhils. — Le second article est un examen critique des théories qui ont été émises jusqu'ici sur l'origine de l'alphabet indien ; M. Cust y ajoute ses propres conclusions : d'après lui, l'alphabet indien n'est point d'invention locale et originale, mais il a été merveilleusement perfectionné par les emprunteurs ; l'*idée* de représenter les voyelles et les consonnes par des caractères purement alphabétiques vient probablement de l'Asie occidentale ; il est possible que les *germes* de l'alphabet indien puissent se retrouver dans l'alphabet phénicien, d'où viennent d'ailleurs les écritures grecques et arabes, et qui dérive lui-même de l'écriture hiératique égyptienne ; on ne saurait actuellement déterminer comment et de quelle branche de l'alphabet phénicien cette *idée* et ces *germes* sont venus dans l'Inde.

Buhler et E. Muller y ont envoyé des notes sur les *Alphabets de l'Inde*, sur *les Chiffres indiens*, sur *la Grammaire cingalaise*; MM. Sthell et Temple y ont écrit sur le *Folk-lore du Pandjab*; le paṇḍit Naṭêça-çâstrî a donné d'intéressants spécimens du *Folk-lore du sud de l'Inde* (contes populaires); etc.

Le *Journal of the Royal Asiatic Society of Bengal* a donné, dans un numéro extraordinaire, le complément de la *Maithilî Grammar* de M. Grierson, une précieuse collection de textes suivis d'un excellent vocabulaire. On annonce, pour paraître prochainement, des publications du même auteur sur les deux autres dialectes de l'hindi oriental, le *Bhojpurî* et le *Mâgadhî*.

Dans la *Calcutta Review*, il faudrait tout citer; je me borne à relever les études de M. R. C. Temple sur le *folk-lore* du nord de l'Inde; des articles de M. S. Gangooly sur la grave question du langage dans le Pandjab, l'éternelle querelle entre l'hindi et l'urdu.

Un missionnaire anglais dans le Carnatique a parlé *de la langue et de la littérature tamoule* dans le nº 27 (avril 1883) des *Selections from the Calcutta Review*.

Le *Journal* de la branche de Ceylan de la Société asiatique anglaise contenait dans son numéro de l'année 1881 des chansons et des formules magiques dans le langage des fameux *Veddâ*, qui paraît n'être décidément qu'un patois cingalais.

Dans un Bulletin (*Proceedings*) de la *Société orientale américaine* (Boston, 7 mai 1884) je trouve le résumé de plusieurs communications intéressant les études indiennes: M. Lanman de Cambridge a parlé sur la 14ᵉ strophe de l'hymne 18 du livre X du *Rig-Veda*, et sur la Société

Dâtavya Bhârata Kâryâlaya de Calcutta (1) ; M. John Avery, de Brunswick, sur *Les formes sans augment du Rig et de l'Atharva-Veda ;* et M. Whitney sur *L'étude du sanskrit et des grammairiens hindous.*

Je ne saurais manquer de vous signaler une note publiée par la *Petite République française* le 18 août 1883 sur « les populations primitives de l'Inde ». Cet article, traduit évidemment de quelque journal anglais, s'occupe surtout des Khonds, des Juangs et des Bhils. Je n'y trouve rien de nouveau, rien du moins que n'aient déjà signalé le colonel Dalton et les autres ethnologistes.

Le *Progrès français* et le *Phare de la Loire* (n° du 26 août 1883) ont reproduit un article de M. Albert Réville intitulé « deux légendes indoues ». Le savant professeur du Collège de France y raconte d'abord l'histoire de Sâvitrî arrachant à Yama l'âme de son mari Satyavân, histoire, dit-il, parallèle à la légende d'Armide et d'Alceste, mais que rappelle aussi l'aventure d'Orphée et d'Eurydice. M. Réville résume ensuite la légende d'Urvaçî et de Purûvara, dont les amours furent contrariés par les Gandharvas. M. Réville semble admettre que Yama est la personnification du jour qui baisse, qui va finir, et que les Gandharvas (Centaures des Grecs) représentent les rayons du soleil glissant et comme chevauchant sur les franges des nuages (2).

(1) Cette Société, fondée par un riche Indien du Bengale, Protap Chandra Roy, a pour but l'impression et la distribution gratuite des grands ouvrages de la littérature sanscrite. On a déjà publié le *Mahâbhârata* et le *Râmâyaṇa* en Sanscrit et en Bengali, et on annonce une traduction anglaise du Mahâbhârata. Il avait été distribué déjà, en mai 1884, 13,783,500 volumes.

(2) A propos des divinités du Panthéon indien, il paraît qu'une

Je dois vous recommander encore un travail sur La Bourdonnais publié dans le n° du 8 octobre 1881 de la *Revue politique et littéraire* et qui a été reproduit dans le *Phare de la Loire* des 22, 24 et 26 août 1882; un récit de Mme Janssen, *Souvenirs d'un voyage aux Neilgherries* (1),

maison de Birmingham a la spécialité de la fabrication des idoles, et qu'elle recommande ses produits aux Indiens de la manière suivante : « *Yamen, le dieu du jour*, fondu en cuivre pur et travaillé avec goût; *Niroudi, le prince des démons,* en très grand choix : le géant sur lequel il est monté est hardiment dessiné, et son sabre est façonné avec l'art le plus moderne; *Barounin, le dieu du soleil,* est représenté vivant : son crocodile est en cuivre et a la queue en argent; *Couberen, le dieu de la richesse:* ce dieu est entièrement choisi, du plus beau travail. — Petits demi-dieux et autres dieux inférieurs dans le plus grand choix. Il n'est pas fait de crédit ; mais l'escompte est accordé à ceux qui paient comptant. » On aura reconnu les formes tamoules de Yama, Niruti, Varuṇa et Kuvêra.

(1) Je proteste une fois de plus contre cette déplorable orthographe. Il faut *Nilghiri* ou, mieux encore, *Nîlagiri* « montagnes bleues ». Il est véritablement absurde de voir les journalistes, par exemple, adopter sans réflexion les transcriptions anglaises et écrire *coolie, suttee, currie, jungle, thug;* écrire ainsi, c'est faire une véritable déclaration d'ignorance : ces transcriptions correspondent, en effet, suivant les exigences de l'orthographe française, aux suivantes : *couli* (le mot est ainsi écrit dans les documents officiels français du commencement du XVIIIe siècle ; les lettres édifiantes ont même *kouli*; c'est le mot tamoul *kûli* « gage, salaire »), *sati, cari* ou *carri, djângal* (forêt), *ṭhag*.

Un journal demandait, il y a quelque temps, comment doit être orthographié le mot Tonkin. La communication suivante fut faite à ce sujet aux *Tablettes des Deux-Charentes :* « Mon avis est que l'on doit écrire *Tonquin* comme on l'a toujours fait en France, parce que c'est ainsi que le nom se prononce. La prononciation française se rapporte beaucoup mieux au chinois que la prononciation anglaise. Ainsi, les Chinois ont le son nasal de l'*n* et le son de *u* que les Anglais ne possèdent pas ; ils ne peuvent donc, souvent, représenter les sons chinois, tandis que nous le faisons facilement. Pour

où il est beaucoup question des Todas, mais où nous n'apprennons rien de bien nouveau (*Tour du Monde*, livr. 1137, 21 octobre 1882); un bon article de M. Paul Regnaud (*Revue lyonnaise*, t. I, p. 41-53) intitulé : *Une mystification scientifique, les ouvrages de M. Jacolliot*; de remarquables articles de M. de Milloué dans le *Museon* sur la *Religion des Jâinas* (1).

représenter le son nasal, les Anglais ajoutent un *g* à l'*n*, mais ils ne le prononcent pas. Nous prenons leur orthographe, mais nous prononçons le *g;* par suite nous défigurons complètement les noms. C'est ainsi que nous prononçons *Sanghaï* au lieu de *Chan-Haï*, *Hongue-Kongue* au lieu de *Hon-Kon;* nous arriverons bientôt à dire *Tongue-Kingue* au lieu de *Tonquin*. L'exemple le plus curieux est offert par le nom de *Canton*. La province qui porte le même nom est appelée par les Anglais *Kwang-Toung;* tous les journaux français les imitent, et cependant le nom est bien *Canton*. J'ai résidé à *Ou-son*, à l'embouchure du *Wham-pou*, dans le *Yan-tsé-Kian* (le nom se prononce bien comme je viens de l'écrire); les Anglais écrivent *Woo-Song*, et nous les imitons! Dans l'intérieur de la France, on prononce certainement d'après cela *Voo-Songue!* Si l'on veut employer le *k*, on devrait, au moins, écrire *Ton-Kien;* les Anglais eux-mêmes écrivent *Fo-Kien*, et c'est le même mot. »

(1) Le savant directeur du Musée Guimet écrit *Jaïns*, à la moderne, mais l'orthographe grammaticale antique me semble plus généralement adoptée en Europe. Ses articles ont été réunis en une brochure gr. in-8° de 71 p. (Louvain, 1884), qui s'annonce comme devant être suivie de plusieurs autres. M. de Milloué me permettra de relever une petite erreur qui, d'ailleurs, n'est pas de son fait : il a confondu avec la préface du *Sindâmani* un petit traité tamoul en prose sur les Jâinas, publié par M. Bower dans son édition du premier chant du grand poème jâina tamoul. M. de Milloué tend à regarder, contrairement à l'opinion ordinaire, le jâinisme comme antérieur au bouddhisme; mais les arguments qu'il invoque ne me paraissent pas suffisamment démonstratifs. La haine des bouddhistes envers les jâinistes ne prouve rien, car, par exemple, les catholiques ont bien plus de haine pour les protestants que ceux-ci n'en ont pour

Un certain nombre d'ouvrages, par leur mode de publication, tiennent à la fois du périodique et du livre. On peut comprendre parmi eux le *Dictionnaire des Sciences Anthropologiques* dont je vous parlais tout à l'heure ; le *Dictionnaire de Géographie* de M. Vivien de Saint-Martin dont la livraison contenant l'article *Inde* a paru cette année ; la *Géographie Universelle* de M. Élysée Reclus dont le tome VIII relatif à l'Inde et à l'Indo-chine a été également mis en vente cette année ; le *Grundriss der Sprachwissenschaft* de M. Fr. Müller de Vienne dont la première livraison du tome III, qui vient de paraître, est pour ses trois cinquièmes (p. 107 à 146) consacrée aux langues des Kolariens, des Cingalais et des Dravidiens ; enfin l'*Imperial gazetteer of India*, de M. Hunter, dont le IXe et dernier volume a été récemment publié ; c'est, comme on le sait, un résumé compacte des documents géographiques, historiques, etc., réunis par le patient statisticien dans sa

eux. Quant aux dogmes communs aux deux religions, d'où viendraient-ils s'ils ne se rattachaient au brahmanisme? En réalité, la métempsycose est, à mon avis du moins, une croyance, une doctrine purement brahmanique, purement hindoue, mais en tout cas d'origine relativement moderne (quoique antérieure au bouddhisme) ; c'est une conséquence naturelle du développement des conceptions philosophiques. Ces expressions : métempsycose, transmigration des âmes, sont d'ailleurs mauvaises, parce que, avec le sens qu'elles ont reçu en Europe, elles donnent une idée tout à fait fausse de la théorie indienne. Au fond, le but suprême étant la cessation de l'individualité, la renaissance s'impose comme le seul moyen d'anéantir l'activité (*karma*) cause de la séparation, par l'équilibre absolu du bien et du mal, par l'inertie complète de l'intelligence et des sens. C'est là la conception des bouddhistes, des jâinistes, des çivaïstes, etc.; c'est une théorie tout à fait logique, naturelle et véritablement matérialiste.

grande collection en cent volumes : un extrait des neuf volumes du Gazetteer (le mot *India*) a été publié à part.

L'Inde occupe la moitié d'un petit ouvrage de MM. J. S. Cotton et L. J. Payne : *Colonies and dependencies* (Londres, Macmillan, 1873) qui fait partie de la collection *The english citizen*. A propos de collections, la librairie Trübner de Londres en a entrepris ces dernières années deux qui nous intéressent particulièrement. La première est une série de *Simplified grammars* dont la première (VII-104 p. in-8°) est due au regretté Palmer et traite à la fois de l'arabe, du persan et de l'hindoustani. La seconde est une série de *Primers* des principales langues de l'Inde ; il n'a été publié jusqu'ici que les *primers* de l'Hindi, du Bengali, et de l'Oriya. Il faut citer enfin *The urdu instructor, published monthly*, dont les deux premières années (1882 et 1883) sont en vente : c'est une excellente réunion de textes imprimés et manuscrits, avec des notes grammaticales, etc.

J'arrive aux livres et aux publications non périodiques. En premier lieu, je citerai, bien qu'elle ne touche aux choses orientales que d'une façon pour ainsi dire secondaire, la thèse de M. le docteur Canolle : *De l'avortement criminel à Karikal*, Paris, 1881. J'indiquerai ensuite les publications historiques de M. Fleet (*The dynasties of the kanarese districts of the Bombay presidency*, Bombay, 1882, 106 p. in-8°) et de M. Sewell (*Chronological tables for southern India from the 6 th century a. d.*, Madras, 1881, 36 p. gr. in-4° ; — *A sketch of the dynasties of southern India*, Madras, 1883, vj-132 p. gr. in-4°).

Pour rentrer dans le domaine plus exclusivement littéraire et linguistique, je dois accuser réception à leurs auteurs de deux brochures bien différentes que j'ai reçues dans le courant de cette année. La première contient le texte sanskrit, avec une traduction allemande et des notes, l'*Uttamacaritrakathânakam* (Mémoire communiqué, le 27 mars 1884, à l'Académie des Sciences de Berlin par M. Albrecht Weber, 42 p. gr. in-8°). La seconde est une *Critique et analyse du Râmâyana* de Vâlmîkî et de la *Bhagavat gîtâ* par M. E. Lamairesse, ancien ingénieur en chef des établissements français dans l'Inde (Alger, 1880, 85 et 44 p. petit in-8°). Il est arrivé à M. Lamairesse ce qui est arrivé à beaucoup d'anciens fonctionnaires de l'Inde ; de retour en France, il s'est avisé de faire de l'indianisme, et naturellement ses travaux, toujours de seconde main, sont relativement de peu de valeur. Circonstance atténuante, les deux articles réunis dans la brochure qui précède ont paru dans un *Journal* politique et avaient pour but de donner aux lettrés amateurs une idée de la littérature hindoue. Mais pourquoi entremêler cette analyse d'un éloge excessif des missionnaires catholiques dont les travaux scientifiques ne valent généralement rien, soit par suite d'une éducation littéraire des plus médiocres, soit par suite d'une préparation insuffisante, soit à cause de leur absolutisme et de leurs préjugés religieux? Pourquoi aller chercher de vieilles théories démodées qui voient dans les Râkchasas « des vampires ou des ptérodactyles » (*sic*), qui font de Râma un similaire de Bacchus, de Krichna un copiste d'Apollon ou un plagiaire de Jésus-Christ? Pourquoi attribuer aux *Kur'al* de Tiruvalluva (1), simple compilation

(1) M. Lamairesse a publié à Paris, en 1867 et 1868, deux volumes, *Poésies populaires* et *Chants populaires du sud de l'Inde*

jâiniste, une valeur et une autorité qu'ils n'ont point? Pourquoi enfin avoir écrit ou laisser imprimer des coquilles telles que : Vicvanitra, Laksoutmi, Walmiki, Addiseche, Kristhna, et même, ce qui est plus grave, car il s'agit de noms français modernes, Esquère et Jacouliot (1)? A propos du *Râmâyana*, il faut citer la publication d'une version canara de la vieille légende : *The pampa râmâyana or râma charita purana of Abbinava pampa* (Bangalore, 1882, in-8°, 76-534-14 p.). L'éditeur, M. Louis Rice, directeur de l'Instruction publique dans le Maïssour et le Kuḍagu, fait remarquer que cette version originale est un vieux poème jâina en seize chants dont l'auteur aurait vécu au Xe siècle de notre ère ; ce poème serait donc plus ancien que le Râmâyana télinga qui est du XIIe siècle, que le Râmâyana canara du XVIe siècle, et même que le Râmâyana tamoul de Kamba ; ces trois versions sont d'ailleurs des imitations ou des traductions libres de Valmiki, tandis que l'œuvre de Pampa se rattache à d'autres sources.

M. Goblet d'Alviella a étudié *l'évolution religieuse contemporaine chez les Anglais, les Américains et les Hindous* (Paris et Bruxelles, 1884, in-8° de XIX-432 p.) ; M. W. J. Wilkins a publié, en 1882, à Calcutta, un essai *On Hindu Mythology, vedic and puranic.* De son côté, le

(traduction et notices, in-12 de 364 et 334 p.). Les traductions sont de seconde main et, par conséquent, défectueuses (souvent on a substitué le commentaire au texte) ; très intéressants en eux-mêmes, les morceaux traduits ne sauraient rien apprendre aux mythologues.

(1) Jacolliot et Esquer. On sait comment M. Jacolliot a maladroitement exploité l'orthographe Kristna. J'ai cité plus haut sur les publications de ce... fantaisiste un bon article de M. Paul Regnaud.

capitaine R. C. Temple, le savant folk-loriste indien, a fait paraître à Londres le premier volume (1884, in-8°, xxvii-546 p.) de ses *Legends of the Panjâb* (texte romanisé et traduction).

M. Cust, toujours infatigable, a publié, en 1881, une nouvelle brochure sur le système des Castes : *Essay on the national costum of British India, known as Caste, Varna, or Jati* (Londres, 1881, 29 p. in-8°). Ce mémoire est divisé en deux parties, *La caste dans le monde* (lecture faite en 1879 à la *National Indian Association* de Londres) et *la caste dans l'église chrétienne* (article dans le *Mission life*, 1881). Dans la première, M. Cust observe que les quatre-vingt-six centièmes des habitants de l'Inde sont soudras ou musulmans ou, pour diverses raisons, sont en dehors de la classification des castes ; il fait voir que des divisions analogues se retrouvent partout, mais qu'en Europe la division des castes a lieu dans le sens horizontal, tandis que dans l'Inde elle se manifeste dans le sens vertical. La seconde partie traite un sujet, beaucoup moins intéressant à mes yeux, car je ne partage point l'opinion de M. Cust sur l'utilité de la conversion des Indiens au christianisme, apparemment incompatible avec leur organisation sociale actuelle ; le savant magistrat démontre que l'un des principaux obstacles à la chistianisation des Hindous est le manque absolu de considération qui menace les nouveaux convertis (1).

(1) Dans le sud de l'Inde, sur la côte Coromandel, outre les castes, il y a la division, peut-être plus absolue, des deux mains. Suivant M. Ellis, le savant tamuliste qui a presque égalé Beschi, l'origine de cette division serait purement agriculturale. A la main droite se seraient rattachés les cultivateurs, les propriétaires terri-

La linguistique proprement dite nous offrirait une très-riche moisson. Il faut choisir dans la masse. Voici d'abord la *Grammaire Maithilî* de M. G. A. Grierson (extraite du *Journal de la Société Asiatique du Bengale*, Grammaire, Chrestomathie et Vocabulaire, VIII-107-267 p. in-8°) ; on nous promet très prochainement un dictionnaire Biharî du même auteur, avec la collaboration précieuse de M. R. Hoernle. Voici le *English-Hindustani Dictionary* de feu le docteur Fallon (674 p. in-8°) ; les trois volumes du *Pahlavi, Gudjarâtî and english dictionary* de Jamaspji Dastur Minocheherji ; le *Glossary of the Multani language compared with Panjabî and Sindhî* par M. O'Brien (Lahore, 1881, xiii-293 p. in-8°) ; la deuxième édition du *Bhâshya vocabulary in Telugn, Tamil, English and Hindustani* (Madras, 1883, in-16, 91 p.); le *Sinhalese verbs reduced to conjugations* du Rev. C. Carter (Londres, 1883, 62 p. in-8°) ; les *Tables of Canarese grammar* de M. B. Graeter ; l'utile ouvrage de Ghulam Mohammed, *A hundred hindustani petitions, in arabic, persian and devanagari characters, each with a vocabulary* (Bombay, 1882, in-8°) ; la quatrième édition du *Hindustani teacher* de Khan Bahadur Muhammed Ali (lithographié) ; l'édition par M. Lewis Rice de la vieille grammaire canara de Nâgavarma (1884, in-8°, xliv-96-22 p.); le *Anglo-tamil manual* de C. A. Pillay (2e édition) ; et une réimpression du *Pantchatantra* tamoul avec une traduction anglaise. Je n'aurais garde d'oublier la collection entreprise en 1881, d'après les instructions du gouvernement du Bengale, par M. G. A. Grierson, sous

toriaux et leurs serfs ; et l'autre main aurait naturellement compris les brahmanes, les artisans, les « interlopes ».

ce titre : « *Seven grammars of* the dialects and subdialects of *the Bihâri* language. *Calcutta*, Secretariat-press ; in-8° carré ». Quatre parties ont déjà paru, savoir : 1° Introduction, (iv)-47 p., trois cartes et un tableau ; — 2° *Bhojpurî*, 1884, (viij)-147 p. ; — 3° *Mâgadhî*, 1883, (viij)-183 p. ; — 4° *Maithil-bhojpurî*, 1884, (viij)-100 p. L'introduction emprunte à une chanson populaire cette épigraphe :

Kas kas *kasmar* kinâ *magahiâ*
Kâ *bhojpuriâ* kî *tirhut'â*.

« Pour « quoi » le Kasmar (Sâran) (dit) *Kas kas*, le mâgadhâ *kinâ*, le bhojpuriâ *kâ* et le Tirhutâ *kî* ».

Il faut également accorder une mention particulière aux admirables publications de M. G. W. Leitner sur les patois, les « argots » des criminels, des vagabonds, des peuplades errantes du sud de l'Inde, sur la cryptographie indienne, sur les marques et dessins de châles, etc. (1). Les systèmes cryptographiques exposés par M. Leitner sont assez simples : l'un consiste dans une transposition régulière de lettres (*k* pour *m*, *m* pour *k*, etc.), l'autre est formé par une sorte d'alphabet sténographique. Les observations sur l'argot des voleurs de Pechavar, Tirab et Caboul nous apprennent qu'en dehors d'un certain nombre d'expressions dont il se sert, ce langage résulte d'une altération de la langue courante analogue à ce parler des

(1) Les publications de MM. Leitner, Grierson, Hoernle, Fallon, etc., sont inspirées par un excellent parti de réaction contre le pédantisme mêlé de fanatisme religieux par lequel on a altéré les idiomes populaires de l'Inde, et surtout l'hindi, tantôt en l'inondant d'expressions et de tournures arabes ou persanes, tantôt en en faisant un calque maladroit et désagréable du sanscrit classique.

collégiens qu'on a appelé parmi nous le javanais. *Più* « père », *mà* « mère », *brà* « frère », deviennent par exemple *pizeô, mazào, bizer-rezà;* pour *uskô bulàô* « appelez-le », on dira *uzûs kuzô buzûl leza,* et pour *uskê pas jâkar bâiṭô* « étant allé près de lui, asseyez-vous », *uzûs kezê pazâs djezâ-kezêr bezet tezeit.*

M. A. M. Fergusson junior, de Colombo, m'a adressé la seconde édition de son « *Ingê vâ,* or the sinna durai's tamil pocket guide, *Colombo,* 1883, in-12 de (viij)-160-(iv) p. ». Ce petit volume contient d'excellentes choses : d'utiles remarques sur les permutations et contractions de la prononciation vulgaire (préface et p. 101); une liste de noms propres avec leurs significations (p. 85-96); deux listes de noms et de termes géographiques expliqués (p. 96-99, 102-103); deux listes de noms tirés de l'anglais, du portugais, de l'hindoustani, etc. (p. 99-101); des proverbes (p. 110-113). Il y a aussi des *textes* en prose et en vers; mais ce sont malheureusement des traductions de passages du Nouveau-Testament, de deux hymnes anglaises et de prières chrétiennes.

M. Edward Müller a publié à Londres (1883, 219 p. in-8° et 55 pl.) un recueil impatiemment attendu, *Ancient Inscriptions in Ceylon* ; ces inscriptions permettent d'aborder enfin l'étude historique de la langue cingalaise, dont le caractère nettement aryen n'est plus douteux, et de l'écriture à Ceylan. M. Félix Nève étudie les *Époques historiques de l'Inde* (Paris, 1883, VIII-519 p. in-8°). La librairie Higginbotham de Madras a réimprimé en 1882 (xviii-646 p. in-8°) un livre fort utile pour la Bibliographie du sud de l'Inde, le *Catalogue* de la Bibliothèque Mackensie, rédigé par Wilson en 1826 : le lieutenant-colonel Mackensie, arrivé dans l'Inde en 1795, ne l'avait jamais quittée et avait réuni une abondante collection de livres et de manuscrits. Il paraît que la réimpression n'a pas été faite avec le soin nécessaire; ainsi on n'a pas corrigé les erreurs ou les fautes signalées par l'*errata*.

En même temps que je recevais de Ceylan le petit livre dont je vous parlais tout à l'heure, m'arrivait de Londres un exemplaire du Manuel Brahui d'Allax Bux (*Hand-book of the Birruhi language*, Carratchi, 1877, pet. in-4° de (iv)-xij-134-7 p.); je suis redevable de ce précieux don à la libéralité du Secrétaire d'État de l'Inde et je saisis cette occasion de lui adresser mes plus vifs remerciements.

Faut-il compter, parmi les événements littéraires de l'année, la représentation à la Porte-Saint-Martin du *Nana-Sahib* de M. Richepin? Au point de vue de la couleur locale et de la réalité ethnographique ou historique, la pièce est au moins aussi absurde que le *Paria* de Casimir Delavigne. Le *Grand Mogol*, qu'on joue en ce moment à la Gaîté, est encore plus extravagant.

Un bibliophile de mes amis m'a communiqué, à Bayonne, un livre où le tamoul et l'hindoustani occupent une place importante. Le volume sort d'une de ces officines de Bruxelles ou de l'Allemagne qui ont la triste spécialité de réimprimer ou d'éditer les ouvrages immoraux; il porte le titre suivant : « *La fleur lascive orientale*, contes libres traduits du mongol, de l'arabe, du japonais, de l'*indien*, du chinois, du persan, du malais et du *tamoul*. Oxford, imprimé par les presses de la Bibliomaniac Society, exclusivement pour les membres, 1882 » et contient (iv)-iii-190 p. petit in-8°. C'est une compilation faite évidemment par un homme de goût, par un littérateur au courant des études orientales ou tout au moins par un amateur instruit. On y trouve trois pièces traduites de l'hindoustani : 1° *L'inexorable courtisane* (n° XIX, p. 167) « traduite d'un manuscrit hindoustani » ; 2° *Le voleur et le jongleur* (n° X, p. 101) ; 3° *Le libre rapport du carnaval* (n° IV, p. 29), en hindoustani *kôk chastar i hôli*. Existe-t-il un ouvrage de ce nom ? L'éditeur affirme qu'il a extrait les deux derniers morceaux d'un roman anonyme imprimé à Lahore (1870, 120 p.) et interdit par le gouvernement anglais ; ce roman était mentionné, dit-il, dans l'article publié au commencement de 1874 dans deux journaux du Pandjab et d'Aoude par le pandit Krichan Lâl, sous ce titre *Miqîâs i fahch* « la mesure ou le régulateur de l'obscénité » (1) ; or, l'article de Krichan lâl parle seulement du *kôk châstr*, qui n'est point un roman, mais un traité didactique. L'ouvrage original a été composé en sanskrit par un nommé Kvakôka et il porte le titre de *Ratirahasya* « le secret de la volupté » ; il en existe une traduction tamoule, sous le titre de *Kokkôgam* (du nom de l'auteur) et une traduction hindoustanie avec ce titre arabe : *Lazzat un nisâ* « la jouissance des femmes » : c'est cette dernière qui a été imprimée à Lahore en 1870. La Bibliothèque de la Société d'Anthropologie de Paris possède un manuscrit illustré, qui n'est qu'une traduction persane du même ouvrage.

Le spécimen de la littérature érotique tamoule, dans le recueil dont je viens de parler, se compose d'extraits *arrangés* du célèbre roman *Tirutchittambalakkôvei* « le

(1) Cité par M. Garcin de Tassy : *La langue et la littérature hindoustanies*, revue annuelle, 1874, p. 53-67.

collier de la sainte petite assemblée (1) », ou *tirukkôvei* « le saint collier », ou *kôvei* « le collier » (l'éditeur traduit « le saint livre d'amour »), dont l'auteur est, dit-on, un saint çivaiste, ministre du roi de Maduré, *Mâṇikya-vâtchaka* (et non *Manikkavâ-Tchaka*). Ces extraits sont empruntés à la traduction complète du poème faite à Pondichéry, du 8 mars 1847 au 22 juin 1848, par Ariel et dont le manuscrit est aujourd'hui à la Bibliothèque Nationale (pap. d'Ariel, nº 20; le relieur a dérangé l'ordre des feuillets). L'éditeur, qui a exagéré le sens érotique de certains passages (2), confond cet ouvrage avec un autre

(1) *Tchit't'ambalam* est synonyme de Sidambaram (Chellambron), village entre Pondichéry et Karikal, nommé aussi *Tillei*, où est une pagode célèbre. — *Kôvei* « guirlande, chaîne, collier », est le nom générique de certains poèmes d'amour.

(2) Il a même ajouté au texte des mots et des allusions obscènes ; il a prêté à certaines expressions une signification érotique qu'elles n'ont point. En comparant les extraits avec le manuscrit d'Ariel, j'ai constaté que le compilateur a mêlé et confondu au moins deux ouvrages différents, sans doute le *Kôvei* et le *Kallâdam*. Quant à l'exactitude de l'*arrangement*, on en jugera par la citation suivante. Le couplet 364 du *Kôvei* commence ainsi : « Pourquoi blâ« mer ? Voilà comment il faut se conduire ! ». Ainsi parlent les gens de l'endroit, de l'épouse qui parait un bouquet de superbes fleurs : — Au roi de la terre qui porte un arc en ses mains de fleurs — s'est présentée la nuit avec le croissant nageant au ciel, — les abeilles soufflant de leurs blanches conques, au sein des fleurs de *Mallika* qui entourent le sanctuaire de *Tillaé* (Chellambram), où réside celui qui tient le feu dans sa main de fleur, celui qui pousse dans la dévotion les âmes rares de ceux qui n'ont pas de désirs pour les (flèches de) fleurs (que tient) en mains l'archer (Manmatha) ». Voici comment l'arrangeur a traité ce passage :

« Un roi de la terre qui porte un arc en ses mains de fleurs s'est présenté la nuit avec le croissant nageant dans les nuages floconneux. Le *vêl* (javelot, dard), rougissant et se tordant, s'est présenté au sein

du même genre, le *Kallâdam*, qu'Ariel avait également traduit.

La communication de M. Grierson, dont je vous ai entretenus en 1881 et qui était relative aux carrés magiques, ou jeu du « taquin », a été complétée par W. Goonetilleke, de Kandy, Ceylan (*Indian Antiquary*, 1882, p. 83). Le savant correspondant fait remarquer que le nombre qu'on pourra obtenir avec un carré de seize cases ne pourra varier, si on ne veut répéter aucun chiffre, que de 20 à 34 s'il est pair, et de 21 à 37 s'il est impair. Les règles pour la formation du carré sont données par le *kakṣapuṭa* ou *skandhakakṣapuṭa*. Un vers mnémotechnique sert à former le carré primitif, le carré base à compléter ; chaque lettre initiale d'un groupe syllabique y prend une valeur nominale : *k* vaut 1, *kh* 2, etc., jusqu'à *jh* qui vaut 9 ; puis on recommence *ṭ* 1, *ṭh* 2, etc. ; *p* 1, etc. ; *y* 1, *r* 2, etc. ; *ñ*, *n* et les voyelles représentent les cases à laisser en blanc (que je marque par des lettres pour plus de commodité). Ainsi le vers

arka	*indunidhânârî*	*têna*	*lagna*	*vinâsanam*
0 1	0 8 0 9 0 2	6 0	3 0	4 0 7 0

donne la figure suivante :

des fleurs de *Mallika* qui entourent le *Tillaé*, où réside celui qui tient le feu dans sa main de fleurs, celui qui pousse dans l'extase les âmes ravies qui ont des désirs pour les flèches de fleurs que tient en main le divin Archer ».

a	1	*b*	8
c	9	*d*	2
6	*e*	3	*f*
4	*g*	7	*h*

Si le nombre proposé est pair, il sera reproduit dans chaque ligne horizontale, dans chaque ligne verticale, dans les quatre groupes de cases angulaires (*a*, 1, *c*, 9 par exemple) et dans le nombre formé par les quatre cases angulaires (*a*, 8, 4, *h*), et par le carré médial (9, *d*, *e*, 3). S'il est impair, deux des groupes des cases intérieures ne réaliseront pas la condition. La règle générale pour compléter le carré consiste, si l'on veut avoir un nombre impair, à prendre la moitié de ce nombre diminué d'une unitié et à en retrancher 1, 2, 3 ou 4 quand on veut trouver le chiffre à mettre en triangle avec 1, 2, 3 ou 4 (par exemple 3*e*6*ca* pour *a* et 3, ce qui donne 18 — 3 = 15); si le triangle considéré commence à 6, 7, 8 ou 9, on augmente de 1 avant d'en prendre la moitié (par exemple : 6*a*3*db* pour *b* et 6, ce qui donne 19 — 6 = 13). J'ai donné en 1881 la règle dans le cas d'un nombre pair.

Pour le carré formant le nombre *cent*, il y a une formule spéciale. Ce carré s'appelle *Nâgârjuna* ; il ne contient aucun nombre inférieur à 10. Le nombre *cent* est obtenu vingt fois, par les coins, par les quatre groupes angulaires, par le groupe médial, par les lignes horizontales et verticales, par les deux diagonales, et par les quatre groupes latéraux (*c*, 9, 6, *e*). Voici la formule :

Nîlam câpi dayâcalô naṭabhuvam khârîvaram râginam — bhûpô nârivagô jarâ caranibham tânam çatam yôjayêt — bhûtaprêtapiçâcarâkṣasâsurân sarpân khalân samhâra — magnim câurabhhyyâdinâçanamidam nâgârjunam nirmitam.

« (Par la formule) *nîlam*, etc., qu'on forme (le nombre) *cent*; c'est ainsi qu'on obtient le *nâgârjuna*, qui détruit la crainte, les voleurs, le feu, le trouble, les vils serpents, les asuras, les râkṣasa, les piçâca, les démons, les fantômes, etc. »

Et voici le carré :

30	16	18	36
10	44	22	24
32	14	20	34
28	26	40	6

Tous ces chiffres sont indiqués, au rebours, par la formule *nîlam-tânam* ; car on a

nîlam *câpi* *dayâcalô*
0 3 6 1 8 1 6 3
naṭabhuvam *khârîvaram*
0 1 4 4 . 2 2 4 2
râginam *bhûpô* *nârivagô*
2 3 0 4 1 0 2 4 3
jarâ *caranibham* *tânam*
8 2 6 2 0 4 6 0

C'est-à-dire en commençant par la fin, 06, 40, 26, 28, 34, etc.

J'espère avoir à vous annoncer prochainement d'importantes publications dues à M. Margry, l'éminent travailleur qui a rendu tant de services aux études historiques coloniales. Mais en attendant, je dois signaler les tentatives de M. Castonnet-Desfosses, qui a fait à divers corps savants des communications sur quelques points de l'histoire des Français et de l'Inde. J'y ai relevé des étymologies inexactes. M. Castonnet-Desfosses traduit par exemple *Pondichéry* par « beau village » au lieu de « nouveau village », *pudu çêri*.

Parmi les nombreuses sectes religieuses qui depuis quelques années essaient de se développer à Paris, il en est une, la dernière, sur laquelle nous devons arrêter notre attention. Je veux parler des *Théosophes*; après le vieux-catholicisme convaincu de M. Hyacinthe Loyson, après les facéties du néo-spiritisme, de l'homéopathie et du magnétisme, après les extravagances de l'armée du Salut, les *Théosophes* viennent à leur tour nous offrir leur panacée. Heureusement pour le bon sens et pour la bonne réputation de l'esprit français, on a remarqué que les religions nouvelles n'obtiennent d'ordinaire parmi nous qu'un succès de ridicule et que leurs fondateurs sont presque toujours des piétistes américains ou anglais. Les *Théosophes* ont la prétention d'être bouddhistes, mais leur bouddhisme est d'une nature toute particulière. Ils affirment avoir été initiés par les sages de l'Inde « aux sciences occultes » et ils ajoutent : « Quand un initié a atteint un certain degré de développement psychique, non seulement ses progrès l'ont doué de nouvelles facultés, mais encore le rendent sensible à des influences dont la plupart de nous n'ont aucune idée. Il se voit forcé de s'éloigner des centres où prédominent les passions physiques et les instincts matériels. Dans les villes populeuses, des sens aussi raffinés que les siens seraient absolument superflus, comme par exemple la vue n'est d'aucun usage dans un brouillard épais. Voilà pourquoi les initiés supérieurs se sont retirés au centre de l'Asie, dans les régions les moins fréquentées »,

Les choses d'ici-bas ne nous regardent plus,

« pour y poursuivre leur tâche éminemment importante : préserver et faire progresser autant que possible la sagesse qu'ils gardent en dépôt jusqu'au jour où l'humanité sera mûre pour la recevoir ». Cette sagesse comporte, dit-on, la connaissance complète des sept éléments primordiaux : *Rûpa, Jîva, Lingaçarîra, Kâmarûpa, Manas, Buddhi, Atmâ* « forme, vie, corps emblématique, forme passionnelle, pensée, esprit, âme », qu'on traduit : *le corps, la vitalité, le corps astral (périsprit), l'âme animale, l'âme humaine, l'âme spirituelle, l'esprit.* Le sixième élément peut être appelé *l'esprit du Christ;* le septième est « l'esprit par lui-même », c'est-à-dire « l'étincelle divine ». Les initiés supérieurs, qu'on désigne sous le nom de *Mahâtmâs* « grandes âmes », ont le pouvoir, à ce qu'il paraît, de décomposer, de transporter et de recomposer instantanément les objets matériels. J'emprunte ces détails à une brochure que je recommande à toute votre attention : « *Fragments glanés dans la Théosophie occulte d'Orient,* par Lady Caithness, Duchesse de Pomar, Présidente de la Société Théosophique d'Orient et d'Occident à Paris (Nice,

1884, in-8° de 81 p.) ». Il y est également question du *Karma*, qui n'est pas trop mal défini, et du *Nirvâna*, qui serait d'une part « la subjugation entière des passions et la pratique de la charité universelle », et de l'autre « la certitude, l'immortalité personnelle en *Esprit* (sic) », ou encore « l'empire complet de l'esprit sur la matière » ; il y est fait, à l'occasion des sept principes, un éloge complet du nombre *sept*, qui est celui de la perfection par excellence : ainsi aux quatre « éléments habituels », l'air, la terre, le fer et l'eau, il conviendrait peut-être d'ajouter le fluide astral dit *odic* (?), l'électricité et le magnétisme. La brochure, qui se termine par les statuts de la Société, se présente comme le résumé des trois ouvrages fondamentaux des chefs de l'entreprise, l'*Esoteric buddhism* et l'*Occult world* de M. A. P. Sinnett et l'*Isis dévoilée* de Mme Blavatsky. C'est Mme Blavatsky qui a fondé, il y a huit ans, en Amérique, la Société Théosophique, sous les auspices des « Mahâtmâs » de l'Inde, de concert avec le colonel Olcott, ancien officier de l'armée du Nord pendant la guerre de sécession. Le colonel Olcott a publié « *Le Bouddhisme*, selon le canon de l'Église du sud, sous forme de catéchisme approuvé et recommandé par H. Sumangala, grand-prêtre de Sripada et de Galles, traduction française par D. A. C. *Paris*, librairie des Sciences Psychologiques, 1883, 105 p. in-12 ».

Ces théories, en définitive, ne sont point nouvelles. L'*initiation* à des doctrines supérieures, conservées avec un soin jaloux par une société fermée de sages transcendants, est une des plus vieilles chimères du monde historique. Tantôt on prétend avoir retrouvé ces doctrines, ces vérités dans l'Inde, tantôt en Égypte, tantôt dans la

Bible, tantôt chez les sauvages de l'Océanie. L'association célèbre des francs-maçons compte — comptait surtout il y a quelque soixante ans — parmi ses membres de généreux esprits qui s'enthousiasmaient, dans leurs élans spiritualistes, dans leur dégoût de la matière, pour ces « révélations et ces initiations ». Il faut lire, à ce propos, le très curieux poème (anonyme) d'un orientaliste éminent, M. de Dumast, œuvre de jeunesse, s'il en fut : « *La Maçonnerie*, poème en trois chants. Paris, 1820, in-8° de XXXII-332 p. » (1). Les théories pythagoriennes, les rêveries sur la transmigration et la purification des âmes, les conceptions indiquées dans le VIe livre de l'Énéide, entre autres, sont, sans aucun doute, d'origine indienne. Mais la doctrine indienne de l'activité (*Karma*) comme cause, de la renaissance comme effet, de l'inertie et de la destruction de l'individualité (*nirvâna*) comme but, n'est, il ne faut pas l'oublier, qu'une théorie purement et nettement matérialiste, ou, si vous aimez mieux, naturaliste.

Mais à propos du bouddhisme, vous n'ignorez pas la révolution religieuse qui vient de s'accomplir au Japon. Le Mikado et ses ministres ont décidé de dépasser l'Europe et même les États-Unis sur le terrain religieux. Ils ont, paraît-il, décrété la séparation des églises et de l'État. Voici le texte du décret tel que l'ont rapporté les journaux :

(1) La Loge *Les frères artistes*, dont M. de Dumast était l'orateur adjoint, lui décerna, à l'occasion de cet ouvrage, une médaille d'or sur le rapport du F.·. Lemaire, professeur de poésie latine au Collège de France.

« A partir de la date de la présente notification, les prêtres chintoïstes et boudhistes cesseront d'être fonctionnaires de l'État. Les nominations des chefs des temples chintoïstes et boudhistes seront faites par les chefs de ces deux religions, qui pourront également prononcer leur destitution, et resteront seuls chargés de régler l'avancement des prêtres ordinaires.

« Les propositions suivantes devront être observées :

« Article premier. — Tout conflit entre les différentes sectes des deux religions sera évité par elles avec soin.

« Art. 2. — Des chefs seront nommés pour chaque secte des religions chintoïstes et boudhistes ; un prêtre pourra être nommé chef de plusieurs sectes.

« Art. 3. — Les règlements concernant les fonctions des différents chefs devront être approuvés par le ministre de l'intérieur.

« Art. 4. — Les chefs des deux religions établiront eux-mêmes les règlements concernant le culte, les connaissances exigées pour être reçu prêtre, le rang, l'avancement, les motifs de destitution de ces derniers, la conservation des anciens manuscrits, des reliques et objets précieux. Ces règlements seront soumis à l'approbation de l'autorité.

« Art. 5. — Les chefs des religions boudhistes pourront prendre les noms des anciens chefs de cette religion, mais en demandant l'autorisation. »

Parmi les annonces des catalogues de libraires ou dans les boîtes des bouquinistes, on peut toujours faire d'intéressantes découvertes. Je relève entre autres l'article suivant : « N° 2282. — *Album de Costumes indiens de la côte de Coromandel*, pet. in-fol. (60 dessins coloriés, 100 fr., librairie Th. Belin) ». J'ai vu cet album qui est fort intéressant ; il a appartenu à un ancien fonctionnaire européen qui a résidé à Pondichéry au commencement de ce siècle. J''ai pu examiner également une fort étrange plaquette, mise en vente, il y a quelques mois, à la librairie

Claudin, et dont voici le titre exact : « Les rare (*sic*) poemes | de | le seigneur Byron | traduiré (*sic*) en français à la anglais | par | Bomanjee Cursetjee | une (*sic*) négociant Parsee du Bombay. | *Bombay* | printed at the Alliance Press | MDCCCLXI ». C'est un petit in-quarto de 15 p., en demi-reliure (dos et coins) de veau rouge avec filets. Il était coté 28 fr. ; on lit, sur la garde, la note suivante, de l'écriture d'un bibliographe bien connu, M. Gustave Brunet, qui a l'habitude d'annoter ainsi les livres qui lui passent entre les mains : « Ce mince volume, ignoré, nous le croyons, de tous les bibliographes, mérite de figurer parmi les singularités littéraires. Il n'en existe probablement pas d'autre exemplaire en France. C'est sans doute la seule fois qu'un sectateur de Zoroastre, qu'un adorateur du feu, ait entrepris d'écrire en langue française; mais quel étrange français que celui de Bomanjee Cursetjee, une négociant Parsee du Bombay ! ».

J'ai acquis, cette année, une fort belle carte anglo-persane de l'Inde, pareille à celle que vous voyez là, à droite de cette chaire, et deux intéressants documents arrachés évidemment à quelque vieux recueil factice. L'un est une *Requête au Roi*, signée : « Les Habitants de la ville de Pondichéry », et imprimé par P.-Fr. Didot le jeune en 1790 (20 p. in-4°) : les pétitionnnaires y attaquent violemment M. de Conway, leur gouverneur, qu'ils accusent de faire volontairement le jeu de l'Angleterre; ils protestent contre l'abandon de Pondichéry, proposé, paraît-il, dans les conseils du roi, à l'aide de sophismes, comme ceux qu'une certaine presse voudrait aujourd'hui remettre à la mode, contre l'utilité des colonies et la capacité colonisatrice de la France comparée à celle de l'Angleterre. L'autre document est un n° (21) du *Mercure* (daté du 10 mai 1749, feuille MNOPQ, p. 229 à 250), contenant la « Relation du siège de Pondichéry » par les Anglais, sous Dupleix, du 8 septembre au 16 octobre 1748.

A propos de Dupleix, vous avez pu voir, au Pavillon de la ville de Paris, en mai dernier, les projets présentés au Concours pour l'érection, à Landrecies, d'une statue de ce grand homme. Le meilleur ne me paraît pas très remarquable. Quoi qu'il en soit, il faut espérer que nous aurons bientôt la satisfaction d'assister à l'inauguration du monument élevé bien tardivement à la mémoire d'un des plus illustres patriotes du dernier siècle.

Chez un bouquiniste du quai Voltaire, j'ai rencontré, cet été, une brochure assez rare, publiée à Pondichéry en 1848, par M. Eugène Sicé : *Un mot sur la représentation des Établissements français de l'Inde à l'Assemblée nationale* (72 pages in-8°). Il ne s'agissait point encore de renonciation au statut personnel, et M. Sicé était d'avis que, dans l'Inde plus qu'ailleurs, il ne fallait pas brusquer les choses; il disait, avec infiniment de raison, qu'il fallait prendre pour député un homme qui connût parfaitement l'Inde. M. Sicé avait fait partie des *Enfants de langue*, institution analogue à celle de nos *Jeunes de langue*, qui a fonctionné à Pondichéry de 1827 à 1838 (1); il vint en

(1) L'arrêté local qui organisait les *Enfants de langue* est du 29 octobre 1827; cette institution a été supprimée par un autre arrêté du 30 décembre 1838. Il n'y a eu que seize *enfants de langue :* MM. John de Babick, Fr. Duvergé (1827); Éd. Olivier, Ém. Tardivel, E.-J. Viollette (1828); Victor Delasselle, Jos. Duvergé, Eug. Hecquet, Furcy Tardivel (1830) ; Eug. Sicé (1832) ;

1840 à Paris où il suivit le cours de M. Garcin de Tassy; il était également versé en tamoul, en télinga et en hindoustani. J'ai eu l'honneur de le connaître et de recevoir ses conseils; ses fils et ses filles ont été mes compagnons d'enfance et sont restés mes amis... Sa brochure porte de la main de M. Ariel un envoi à Eugène Burnouf : *Habent sua fata libelli !*

C'est bien aux livres et aux papiers d'Ariel qu'on peut appliquer cette sentence. Légués à la Société Asiatique de Paris, ils n'y sont pas tous parvenus; les manuscrits ont été donnés depuis à la Bibliothèque nationale, mais la collection demeurera toujours incomplète. Un de mes collègues de la Société d'Anthropologie m'a apporté l'année dernière un feuillet manuscrit, contenant la traduction d'un petit poème indien, avec des annotations de l'écriture d'Ariel ; ce feuillet avait été acheté à Paris même. D'où venait-il ? J'ai bien trouvé, chez un libraire du quartier latin, des livres tamouls qui ont appartenu au pauvre Sandouodéar !

J'ai vu également un *Vocabulaire*, en espagnol (par A. Jimenez, Séville, 1853, 118 p. in-12), du langage des *gitanos* d'Espagne. J'ai été frappé de la ressemblance des tournures et d'un grand nombre de mots avec les tournures et les mots hindoustanis. C'est un fait que je signale en passant, bien qu'il n'ait rien de surprenant ni de nouveau.

Éd. Comparet, H. Davia (1833); Ch. Delasselle, Ém. Bayet, Ad. Magry (1834), et Ch. Garcet (1835). Ils étaient nommés au concours, devaient avoir de seize à vingt-deux ans, et prenaient l'engagement de rester au moins cinq ans au service de la colonie. On leur enseignait le tamoul et l'hindoustani, et facultativement le télinga.

Enfin j'ai recueilli sur les Quinconces, pendant la foire de Bordeaux, un exemplaire des *Selections* de Shakespeare et le livre suivant, qui est recherché par les amateurs : « *Nouveaux Contes arabes* ou supplément aux *Mille et une Nuits*, etc., par M. l'abbé *** (N.-S. Guillon). *Paris*, Prault, 1788, 1 vol. in-12, 3-425 p. ». J'extrais du *Discours préliminaire* (pp. 7 et 8) ces très curieuses appréciations :

« Sous les feux d'un soleil brûlant, l'Indien n'a des sens, des organes, une âme que pour la volupté; énervé de bonne heure par les jouissances physiques, son génie s'évapore dans les langueurs de l'amour; et, jeune encore, l'Indien se survit à lui-même. Aussi, dans son style, point d'élévation ni de profondeur, tous les agréments de la mollesse, souvent l'abandon délicieux de la nature : ses mouvements sont moins hardis, ses métaphores moins violentes, moins prodiguées, ses descriptions moins brillantes. On écrit dans l'Inde comme on a dû écrire à Sybaris.

« Le Persan est capable d'un sentiment plus réfléchi, plus exalté. Rien n'égale le nombre et la majesté de son rhythme. C'est la grâce d'Athènes, quelquefois la précision de Sparte, fondues dans la fierté romaine. C'est là que la poésie étale tout son luxe, là que la nature est reine, là que le génie ne connut jamais le frein de l'art; en un mot, le Persan pourroit être appelé l'Espagnol de l'Orient. »

Il faut rapprocher de ce passage le suivant de M. Garcin de Tassy, dans ses *Rudiments* (1re édition, avant-propos, p. 13) :

« Les romans orientaux sont empreints de cette teinte

mystique. Le but même, en les traçant, n'est que de rappeler à l'homme sa noble destination et les moyens d'y parvenir. L'histoire des amours les plus passionnées, celles de Joseph et Zuléikha, de Vamek et d'Azza, de Ferbad et Chirin, ne sont, comme le *Cantique des Cantiques de Salomon*, que des ouvrages allégoriques, où les poètes chantent l'union de l'esprit de Dieu à l'âme pieuse. C'est là que se peint bien l'état de l'homme ici-bas, tour à tour élevé jusqu'à son Créateur et entraîné vers la terre. Le flambeau de l'érudition ne saurait dissiper l'obscurité de ces poèmes; on a besoin d'une autre lumière. Tandis que le vulgaire saisit la lettre, le sage comprend l'esprit et suit la marche du poète dans le monde intellectuel :

« *O vi, ch' avete gl' intelletti sani,*
« *Mirate la dottrina, che s'asconde*
« *Sutto 'l velame degli versi strani.*
« DANTE, *l'Inferno*, IX, 61-63 ».

J'ai eu le plaisir, en 1883, de faire partie du Congrès des Américanistes qui s'est réuni à Copenhague. Je comptais trouver là-bas de nombreux souvenirs de l'Inde; mon espérance n'a point été trompée. La grande Bibliothèque royale du palais de Christiansborg (1) contient, outre de nombreux manuscrits sur ôles en différentes langues, 79 livres et manuscrits sur papier, la plupart fort précieux, en tamoul et en télinga ; les imprimés sont généralement les publications de la célèbre Mission danoise de

(1) Elle a été heureusement préservée, lors de l'incendie qui, le 12 octobre dernier, a détruit une partie de ce magnifique palais.

Tranquebar. Je saisis cette nouvelle occasion pour remercier de leur bienveillance et de leur extrême amabilité M. Chr. Bruun, l'éminent directeur de la bibliothèque, et M. le docteur Gigas qui a fait preuve envers moi d'une complaisance inépuisable.

Une intéressante cérémonie a eu lieu, il y a deux mois environ, à Étretat. Un prince indien, qui avait fui Nice, par crainte du choléra, y est mort à la fin du mois d'août dernier. C'était un parent du Gâïkvâr de Baroda ; il se nommait Bâpu Sâhib Khandarâo Ghatgay, et accompagnait le jeune frère du Gâïkvâr, Sampatrâo Kachirâo, et son cousin Khampatrâo Chravanrâo. Il était atteint d'une ulcération gangréneuse des gencives et de la joue. Ses serviteurs, avant sa mort, avaient placé près de lui un vase contenant de l'eau du Gange, et l'un d'eux, conformément aux rites, lui mit les doigts sur les yeux et les narines. La crémation de son corps a été autorisée; elle a eu lieu pendant la nuit, de deux à six heures, sur la plage. Une partie des cendres a été jetée au vent, une autre à la mer, et le reste a été mis dans une urne que la famille emportera dans son pays. On a annoncé qu'un autre Indien, Joba Alim Sahib, est mort, le mois dernier, de la poitrine, dans un hôtel du Cours-la-Reine, mais que l'autorisation de brûler son cadavre n'a pas été accordée ; ses serviteurs l'auraient emporté à Milan, où fonctionne depuis quelques années, comme vous le savez, un appareil crématoire.

Le sort s'est encore montré, pendant les trois années qui viennent de s'écouler, bien cruel envers les orientalistes. Je vous ai signalé précédemment la mort de Palmer, de M. Pr. Guerrier de Dumast, et du jeune André

Gatteyrias (1), l'un de mes premiers élèves. J'en ai d'autres, non moins déplorables, à signaler aujourd'hui.

Je nommerai d'abord M. Arthur Coke Burnell, l'auteur de cette excellente *South-Indian* ***Palæography***, qui a eu deux éditions, à quatre années d'intervalle l'une de l'autre, et qui devrait être entre les mains de tous les indianistes. Ce n'est là d'ailleurs qu'une des principales publications de M. Burnell. Il a édité plusieurs textes d'exégèse védique, de nombreux traités grammaticaux; il a publié, à diverses reprises, de très importantes notes sur l'histoire littéraire de l'Inde; il a fait tirer à un très petit nombre d'exemplaires de curieux spécimens des langages populaires du sud de l'Inde; il a fait imprimer, pour la première fois, la grammaire tamoule supérieure de Beschi : *Clavis humaniorum litterarum sublimioris tamulici idiomatis* (1876, in-8°, VIII-171 p.), que, par une attention délicate, il a voulu faire paraître à Tranquebar, dans la ville même où fut publiée, il y a cent quarante-six ans, la première grammaire de Beschi.

Burnell est mort bien jeune encore. Né en 1840, d'un père au service de la Compagnie des Indes, il se présenta

(1) Gatteyrias a laissé en manuscrit un ouvrage qui vient de paraître à la librairie Degorce-Cadot : *A travers l'Asie centrale* (in-8°, (IV)-IV-280 p.). Il avait publié, de son vivant, un très intéressant volume, *L'Arménie et les Arméniens* (Paris, L. Cerf, 1882, 144 p. in-8°); il a donné au *Journal asiatique* (1882, t. XVI, p. 177-214) la traduction d'une élégie arménienne; à la *Revue de linguistique* (t. XIV, 1881, p. 274-311, et t. XV, 1882, p. 337-372), une remarquable étude sur « les langues de la famille géorgienne », et au *Dictionnaire des sciences anthropologiques* les articles *Arménien* (linguistique), *Caucase* (linguistique), *Circassien* (linguistique), et *Étrusques* (histoire).

en 1860 à l'examen officiel d'admissibilité. Il demanda à être interrogé sur la langue tamoule; M. Max Müller, qui était au nombre des examinateurs, lui conseilla vivement d'étudier le sanscrit, sans la connaissance duquel on ne saura jamais bien le tamoul, scientifiquement parlant. Entré, comme son père, dans le service civil de l'Inde, Burnell suivit les conseils du savant professeur d'Oxford, et devint bientôt de première force en sanscrit. Mais sa santé s'était altérée et il fut obligé, de 1868 à 1870, de prendre un congé et de venir se reposer en Europe. En 1870, il fut nommé juge de district à Tanjaour, où il fit le catalogue de la Bibliothèque de l'ancien râdjâ; il y découvrit de très précieux manuscrits. Forcé, pour raison de santé, de se retirer du service en 1880, il passa deux années en France, à Nice, en Angleterre et en Allemagne. On nous dit, très sérieusement, qu'à la fin de sa vie, il avait embrassé la « religion positiviste »; quoi qu'il en soit, il est mort le 12 octobre 1882, à Mitcheldever. J'ai cru devoir, à cette occasion, écrire une sorte d'épitaphe tamoule *ad memoriam*, comme disent les Anglais; permettez-moi de vous dire cette pièce qui a été publiée dans le *Journal Asiatique* (avril-mai-juin 1883, p. 532) :

Vandaleiyaḍittavengum
vâjpugajdêçamvit..........tô
Rindiyâmanḍalatti
lirundavan' t'irumbitchét...tâ
Néndaleimudindadeṇṇi
yulagélâmur'uvalut'.......t'â
Rantamijar'iyumyârén
diçeimagalajudunondâ......l

J'étais entré en relations avec Burnell en 1875; il avait exprimé, dans un de ses ouvrages, le regret de n'avoir pu se procurer un de mes opuscules. Je le lui adressai, et, depuis, il a bien voulu me faire remettre des exemplaires de toutes ses publications. Il m'écrivait, le 29 août 1876, de Tanjaour, à propos d'un article où je parlais de l'utilité d'organiser en France l'enseignement des idiomes nationaux du sud de l'Inde : « I am delighted to see that you urge the establishment of a professorship of Dravidian languages in Paris. France has done so much for these studies that it is a pity they should not be represented as worthily as many other studies are ».

Si M. Burnell était surtout dravidiste, M. Eastwick, lui, ne s'est occupé que d'hindoustani. Né en 1814, il est mort le 16 juillet 1883, après une carrière assez accidentée. D'abord cadet à Bombay, puis employé civil dans le Kathyavar et le Sind, il quitta le service de la Compagnie pour revenir en Europe. Il s'établit d'abord à Francfort, puis, en 1865, il fut nommé professeur d'hindoustani au collège de Haileybury (Hertford). De 1868 à 1874, il a été, comme député conservateur, membre de la Chambre des Communes. Il a composé de nombreux ouvrages d'enseignement élémentaire.

Les bibliothèques de ces deux travailleurs se sont vendues aux enchères publiques à Londres. L'un et l'autre étaient pauvres en effet ; le gouvernement de Madras a même alloué 5,000 roupies (12,500 fr.) à la succession de Burnell pour l'indemniser des « dépenses scientifiques » du savant juge. Ces deux bibliothèques étaient très dissemblables ; celle d'Eastwick n'était qu'une bonne collection de travailleur : j'y ai acquis, pour un prix minime, quelques volumes annotés par lui, et notamment cet exemplaire interfolié du *Bâg-ô-Bahâr*. La bibliothèque de Burnell, beaucoup plus importante, a produit 1566 liv. 2 sh. 6 d. (39,153 fr. 10); j'y ai acheté quelques livres tamouls élémentaires, un bel exemplaire du *Dictionnaire* de Fallon et un livre fort rare que voici. C'est un exemplaire de la *Grammatica latino-tamulica* de Beschi (1re édition, *Tranquebar*, imp. de la Miss. danoise, CIƆIƆCCXXXIIX, 175 p. in-8o), précieux surtout parce qu'il est accompagné de la *Dissertation* de Walther. Cette dissertation manque souvent; elle n'est pas jointe à un exemplaire du Beschi que je possède depuis une dizaine d'années et dont le titre d'ailleurs est remonté. Elle comprend 58-(ij) p., du même format et avec les mêmes caractères que l'ouvrage de Beschi, et est intitulée : *Observationes grammaticae quibus lingvae tamvlicae idioma vulgare..... illvstratvr*, a Chr. Th. WALTHERO, Miss. danico. *Trangambariæ,* Typ. miss. dan., MDCCXXXIX. Écrite en un latin très supérieur à celui de Beschi, qui est un latin catholique de sacristie, pour ne pas dire de cuisine, cette dissertation n'a jamais été réimprimée. J'espère pouvoir la rééditer un jour.

Le 8 janvier 1883 est mort Kechub Chander Sem, né en 1837, réformateur de l'église du Brahmo Somadj, fondée, comme vous le savez, en 1830, par Ram Mohum Roy. Kechub Chander Sem était végétarien et prêchait l'amour, l'amitié, la paix universelle!

Je ne saurais enfin terminer cette revue sans vous dire quelques mots de la catastrophe qui vient d'affliger le monde savant. Vous savez comment le Collège de France a perdu son plus jeune professeur, M. Stanislas Guyard, Bibliothécaire de la Société Asiatique. M. Stanislas Guyard, qui avait remplacé, il y a moins d'une année, le regretté M. Defrémery, est mort — on peut l'assurer — d'un excès de travail. Il faut lire l'allocution magistrale que M. Ernest Renan a prononcée sur la tombe du jeune professeur, mort à trente-huit ans, au moment où la vie commençait à lui sourire et à lui promettre une abondante moisson de triomphes mérités. L'illustre maître a rendu un juste hommage au collègue qu'une mort affreuse emportait prématurément; et il nous a donné à cette occasion des conseils qu'il faut retenir.

Guyard a été victime surtout d'un mal dont notre génération est particulièrement atteinte. C'est une ardeur de recherches, une soif de découvertes, une hâte d'arriver à la solution de tous les problèmes, qui irrite, énerve, fatigue et épuise en peu de temps l'organisation la plus robuste. Gardons-nous de cette « tension dangereuse », comme dit M. Renan, et sachons « associer au devoir le « sourire, le divertissement honnête, le plaisir de contem- « pler un monde où, à côté de tant de parties sombres, « il y a des touches si lumineuses ». Chaque jour, disait-on jadis, suffit à sa tâche, et l'on ajoutait : à chacun son œuvre. C'est par la division du travail entre nos aptitudes diverses, c'est par notre résignation à n'entreprendre chacun qu'une partie de l'immense tâche, que nous arriverons, peu à peu et sûrement, à faire progresser la science. L'effort commun ne doit être que la résultante des efforts partiels indépendants. Ce qu'il faut, c'est que notre troupe fasse de nouvelles recrues et devienne légion; car l'horizon qui se développe devant nous est vraiment illimité. M. Garcin de Tassy, qui aimait tant les belles hymnes du vieux bréviaire parisien, abandonné aujourd'hui, nous rappellerait cette strophe de l'hymne de la Pentecôte :

At non Hebræis limitibus sacer
Hærebit ardor. Sol habitabiles
Qua lustrat oras, hac triumphis
Materies patet ampla vestris !

Imp. Georges Jacob, — Orléans.

www.ingramcontent.com/pod-product-compliance
Ingram Content Group UK Ltd.
Pitfield, Milton Keynes, MK11 3LW, UK
UKHW020339250726
13967UKWH00005B/2017

9 782012 950627